불안의 끝에서

쇼펜하우어

절망의 끝에서

니체

방향 잃은 삶을 위한 철학 나침반

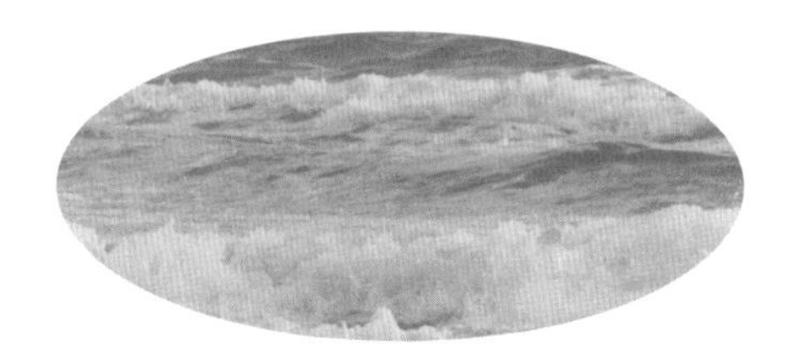

불안의 끝에서 쇼펜하우어 절망의 끝에서 니체

강용수

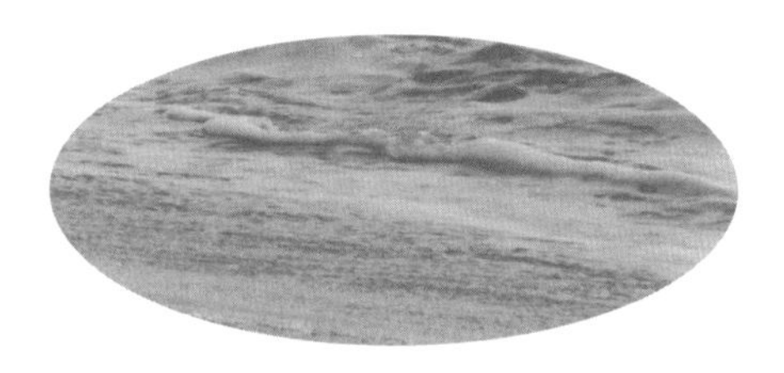

21세기북스

들어가며

•

세상을 직시하며 사랑하는 법, 쇼펜하우어와 니체를 만나다

어느 고서점에서 니체는 쇼펜하우어의 책을 발견하고 며칠 밤을 읽었다고 한다. 그가 받은 충격은 니체의 작품에도 고스란히 반영되었다. 두 철학자는 이렇게 철학을 통해 처음 만났다. 삶의 고통 앞에서 쇼펜하우어는 언제나 '태어나지 않았더라면…' 하고 후회했지만 실제로는 오래 살았고, 니체는 고달픈 삶에서 '다시 한번 더' 바라는 용기를 강조했다. 결국 두 사람 모두 삶의 고통에서 벗어나 삶을 긍정하는 지혜를 찾은 셈이다.

쇼펜하우어는 불안의 이유를 뭐라고 생각했을까? 그에게 불안은 아직 일어나지 않은 일을 지레 걱정하는 태도다. 불안은 때때로 우리에게 훌륭한 무기가 되지만 지나치게 재난을 앞당겨 상상하면 불안의 노예가 되고 만다. 혹은 항상 앞만 바라보며 현재가 아닌 미래에서 행복을 찾으려고 조바심을 내다 보면 지금 이 순간의 소중함을 지나쳐버릴 수 있다. 미래는 언제나 불확실하므로 지나치게 걱정하지 말아야 한다. 인생 또한 끝없이 변화한다. 이를 받아들이지 않고 영원한 안정을 기대하면 더욱 불안해질 수밖에 없다.

삶은 불안하다. 모든 생명은 죽음으로 향한다. 그러나 동물은 죽음에 직면해서야 두려움을 느끼지만 인간은 매 순간 죽음에 다가가고 있음을 자각하고 사형 선고를 받은 죄인처럼 불안해한다. 따라서 인간은 어느 동물보다도 불안한 존재다.

우리가 느끼는 불안의 절반 정도에는 남이 나를 어떻게 생각할까에 대한 걱정이 자리하고 있다. 이러한 자존감의 바닥에는 남에게 쉽게 상처받는 연약함이 존재하지만 허세와 허영심이 이를 가리고 있다. 사치, 허세, 허영, 교만이 이곳에서 자라나 실재하지 않는 행복의 환영 속에서 다시금 불안을 만든다.

니체는 절망의 이유를 어디에서 찾았을까? 니체는 인간이 현실의 불만족을 없애기 위해 천사, 악마, 신 등을 만들어내고 숭배했다고 보았다. 이 세상에는 진정한 행복이 없고 다른 세상에 존재한다고 잘못 믿는 것이다. 이러한 면에서 보면 절망의 원인은 이 세계에 만족하지 못하는 인간이 스스로 끊임없이 싸우는 데 있다. 인간은 "자신의 힘에 절망"(니체)한다. 그러나 삶이 고통이라며 현실을 부정하여 도달하고자 하는 세계는 인간 정신이 만들어낸 망상이다. 깊은 절망 속에서 은총과 구원을 갈망하는 것은 잘못된 방법인 것이다.

불안과 절망의 꿈에서 깨어나려면

우리는 악몽을 꿀 때 불안이 가장 최고조일 때 꿈에서 깨어나곤 한다. 이윽고 악몽이 허구였다는 것을 깨닫게 된다. 인생도 꿈과 같다. "우리의 불안이 최고조에 도달할 때 우리는 그 인생의 꿈을 깨뜨려"(쇼펜하우어)버려야 한다.

인간은 갖지 못한 것을 소망할 때 가장 불행하지만 소망한다고 해서 다 가질 수는 없다. 행복하기 위해서는 욕망의 크기를 줄이거나 성취를 늘려야 한다. 여기에서 고통과 행복은 만질 수 있는 무엇에 있지 않고 우리의 마음에 있다는 것을 알아야 한다. 잘못된 인식과 소망에서 생기는 고통은 결국 현실을 있는 그대로 직시할 때 비로소 사라질 수 있다. 우리는 나와 세계, 그리고 운명을 마주하고 탐구해야 한다.

인생은 욕망의 바다다. 이 세상의 진짜 모습은 불행과 낙담, 절망과 불안을 통해 비로소 드러난다. 고통이라는 꿈에서 깨어나기 위해서는 삶을 가리고 있는 여러 겹의 가면, 허황된 행복을 벗겨내야 한다. 그렇게 도달한 고통의 심연에서 어쩌면 우리는 악몽에서 깨어날 수 있다.

차례

• 2부 •

어떻게 대해야 할까

• 3부 •

어떤 길을 선택할까

• 4부 •

나 자신을 바꾸는 법

1부

나는 왜 괴로울까

CHAPTER
I

태어나지 않았더라면
(후회)

염세주의라는 거짓 변명

Schopenhauer

'삶 자체가 고통스럽고 비참한 것이어서 차라리 태어나지 않는 편이 나았다.' 이 씁쓸한 후회는 쇼펜하우어의 사상을 한마디로 정리한 문장이다. 우리의 인생은 어쩌면 쇼펜하우어의 말처럼 끊임없이 자신의 선택을 후회하며 사는 일인지도 모른다. '그때 그랬어야 했는데…', '그렇게 하지 말걸…' 매일, 매순간 자신의 선택을 자책한다. 밀란 쿤데라의 시구처럼 인생은 한낱 그림자 같은 것이며, 사실상 죽음을 생각하면 모든 것이 헛된 수고일 뿐이다. 그래서 사는 것 자체가 무의미하다고 생각한다.

후회와 걱정이 가득해도 이 순간을 놓치지 말라

우리가 무엇보다 궁금해하면서도 정작 피하고 싶어 하는 질문은 죽음 이후의 세계다. 쇼펜하우어는 인간이 죽음 이후에도 계속 존재하는지 묻는다면, 태어나기 전의 상태로 되돌아간다고 대답하는 것이 가장 올바르다고 말한다. 태어나기 전 우리는 존재하지 않았으니 죽으면 다시 아무것도 없던 상태, 결국 우주의 시작인 '무無'로 되돌아가는 것이다.

우리는 막연하게 죽으면 태어나기 전, 원래의 상태로 되돌아간다고 믿는다. 누군가 죽었을 때 '돌아가셨다'고 표현하듯이 말이다. 탄생과 죽음은 우리를 세상에 더하고 다시 빼는 우주의 본질이다. 그러나 쇼펜하우어는 삶과 죽음을 아우르는 이러한 본질, 즉 불변하는 우주가 영원하다는 믿음이 잘못되었다고 생각한다.

그렇다면 원래 상태인 '무'가 '존재'보다 더 나을지 모른다. 더 이상 살아 있지 않으니 감각이나 고통이 없을 테고, 그러면 죽어서 나의 존재나 시간이 멈춰도 그리 슬프지 않다. 아예 태어나지 않았을지라도 슬프지 않을 수 있다. 이미 세상에 태어나 수십 년 고통스럽고 비참한 삶을 살았으니 '생존보다 비非생존이 더 나을지도 모른다'며 위안 삼을 수도 있다. 죽음도 크게 상심할 일 없이 무덤덤하게 받아들이면 된다. 더 이상 고통 없는 상태로 되돌아가기 때문에 개인적으로 큰 손해나 상실은 아닌 셈이다.

새의 알은 온도와 환경이 적당하게 유지되면 높은 존재인 새로 태어날 수 있지만 조건이 여의치 않으면 새로 태어나지 못한다. 이런 현상을 보면 탄생에도 운이 크게 작용한다. 알은 새로 태어나 다시 알을 낳음으로써 영원히 존재하려는 힘을 갖고 있다. 그렇게 생명은 영속적이다.

선택은 언젠가 결과로 나타난다. 신화는 인간의 모든 경험을 이야기에 빗대어 설명하는데, 지옥을 통해 영원한 고통을 보여주고, 환생을 통해 더 좋은 삶으로 태어날 수 있음을 암시한다. 쇼펜하우어 또한 윤회와 환생에 관심이 많았다. 그는 이번 생의 고뇌는 다음 생에서 꼭 같은 고뇌로 반복되어 죗값을 치르게 된다고 말한다. 과거의 악행은 그 자신을 미래에 고통받고 멸시당하는 존재로 살아가게 한다는 것이다. 한 마리의 짐승이라도 죽인 사람은 무한한 시간 속에서 언젠가 똑같은 짐승으로 태어나 똑같은 죽임을 당하게 된다.

인도 철학 사상의 문헌인 『우파니샤드』는 "너는 다시는 현상으로 나타나는 존재로 태어나지 않을 것이다"라고 예언한다. 또 바라문교 사상의 근본 성전인 『베다』에 따르면 인간이 열반에 이르는 상태에는 생로병사가 없다. 즉, 다시 태어나지 않는 것이 최선이다. 어차피 모든 것이 본래 없는 것이라면, 태어나지 않는 편이 더 나았을지도 모른다는 후회가 늘 따른다.

후회는 지난 선택이 잘못되었을 때 생겨난다. 과거를 너무 크게 확대해 생각하면 후회도 커지기 마련이다. 대부분의 사람들이 무너진 희망으로 인한 상심과 아직 오지 않은 미래에 대한 걱정에 휩싸여 정작 지금 이 순간을 덧없이 흘려보낸다.

그러나 이미 지나간 일은 그냥 흘려보내는 것이 현명하다. 아직 닥치지도 않은 일을 지레 걱정할 필요도 없다. 후회와 불안에 사로잡혀 현재를 놓치면 결국 또 다른 후회를 만드는 악순환이 반복된다. 쇼펜하우어는 이왕 일어난 일은 아무리 마음이 아프더라도 지난 일로 치부하고 언짢은 마음을 진정시켜야 하며, 미래의 일은 신의 뜻에 달려 있으니 걱정하지 말라는 호메로스(『일리아드』)의 말을 상기하라고 말한다.

행복은 고통 덕분이다

과거와 미래를 제외하면 유일하게 남는 시간은 오직 현재뿐이다. 쇼펜하우어는 "현재만이 진실되고 현실적이다. 현실은 현실적으로 가득찬 시간이고, 우리의 삶은 현실 속에서만 존재한다"고 말한다. 따라서 현재에 집중했을 때 직접적인 불쾌감이나 고통이 없다면 그 자체로 만족해야 한다. 무엇보다 밝은 기분으로 현재의 순간을 받아들여 걱정과 후회에 시달리는 시간을 줄여야 한다.

쇼펜하우어는 후회하지 않으려면 세상의 일을 가끔 반대로 상상해 보는 것도 도움이 된다고 말한다. "행복할 때는 불행을, 우정을 나눌 때는 적의를, 좋은 날씨를 볼 때는 나쁜 날씨를, 사랑할 때는 미움을, 신뢰하고 마음을 털어놓을 때는 배신과 후회"를 그려 보는 것이다. 그 반대도 괜찮다. 이렇게 사려 깊게 행동하면 쉽게 속는 일이 없으므로 후회하는 일이 크게 줄어든다. 세상을 살아가는 지혜를 갖춰야 상처받는 일이 없다.

시간의 흐름 속에서 영원한 것은 없으니 인간과 사물의 덧없음을 염두에 두어야 한다. 모든 사물의 존속이 필연적이긴 하지만 영원한 것은 아니다. 그러니 영원불변이 존재한다고 확고하게 믿어선 안 된다. 사물의 변화, 그 자체만이 영원하다. 늘 세상은 변하기 마련이니 섣불리 예측해서도 안 된다. 먼 미래를 예측하려 애쓰기보다 우연이 작용한다는 것을 알아야 한다.

고통은 먹구름과 같아서 때가 되면 사라지므로 우리가 할 일은 위험 앞에 담대하고 대담하게 맞서는 것이다. 인간의 삶에 고난과 결핍, 실패가 없다면 사람은 쉽게 오만해진다. 세상이 너무 손쉬워 더 이상 아무 노력도 하지 않을 것이다. 그런 세상에서 과연 우리는 행복할까? 아무 고통 없이 모든 것을 이룰 수 있다면 사람들은 오히려 무료함과 무력감과 우울감에 빠져 끝내 스스로 생을 마감할지도 모른다. 아니면 남을 괴롭히는 못된 짓을 해서라도 삶에 자극을 주는 고통을 만들어 낼 것이다. 아이러니하게도 인간의 생존이 가능한 것은 고통 덕분이다.

결핍과 따분함은 인생의 양극인 동시에 늘 함께 존재한다. 외로워서 누군가를 만나고 사랑에 빠지지만 막상 결혼하면 이

내 권태기가 찾아온다. 경제적 결핍도 마찬가지다. 성서는 "낙타가 바늘귀로 들어가는 것이 부자가 하나님의 나라로 들어가는 것보다 쉬우니라"(마태복음 19장 24절)라며 영원한 구원을 얻기 위해서는 경제적 고난이 필요함을 강조한다. 따라서 영혼의 구원을 얻으려는 사람이 부잣집에서 태어났다면 자발적으로 가난을 선택할 수도 있다. 왕자로 태어난 부처 석가모니도 자발적으로 문전걸식하는 생활을 선택했다.

삶을 지나치게 미워하지도 과하게 사랑하지도 말라. 착하게 살든 악하게 살든, 상을 받든 벌을 받든 누구나 죽는다는 사실은 결코 다르지 않다. 생명을 연장하면서까지 삶에 집착할 필요도 없고, 그렇다고 빨리 생을 끝내는 것이 최상도 아니다. 신조차도 나의 죽음을 결정할 수는 없다. 우리가 할 수 있는 것은 현재 삶에 집중하는 것뿐이다.

인간은 열망하던 것을 막상 손에 쥐면 이내 무덤덤해지며 더 좋은 것을 욕망한다. 그러다가 그것을 잃고 나면 후회하며 그리워한다. 우리는 종종 현재를 잠시 지나가는 것, 목적에 이르는 길, 과도기 정도로 가볍게 여긴다. 그런 의식 속에서 현재는 아무것도 아닌 것이 된다. 그러다가 생의 마지막 순간이 되어서야 함부로 흘려보낸 날들에 대한 아쉬움과 '현재'의 진정한 가치를 깨닫는다.

과거에 대한 후회와 미래에 대한 부질없는 걱정으로 우리는 또 얼마나 많은 '이 순간'을 그냥 스쳐 보내는가. 모든 생명은 신비하고 소중하며, 모든 삶에는 의미와 목적이 있다. 이 순간에 집중하고 현재를 온전히 누릴 때 생명의 가치와 삶의 의미가 살아난다. 그 날들 속에 불쑥불쑥 고통이 찾아오기도 할 테지만, 우리가 행복을 느낄 수 있는 것은 바로 그 고통 덕분이다.

염세주의를 넘어

Nietzsche

아무리 열심히 살아도 나아지지 않고 늘 그 자리를 맴돌 뿐이라면 불현듯 삶의 의지가 사라지고, 태어나지 않았으면 좋았을 것이라는 생각을 하게 된다. 요즘 사람들이 많이 쓰는 말 중에 '이생망(이번 생은 망했다)'이라는 단어가 있다. 이번 생에서는 아무리 노력해도 안 되니 유일한 방법은 다시 태어나는 것뿐이라는 것이다. 심지어는 극단적인 선택으로 삶을 끝내고 싶다는 상상을 하기도 한다. 삶을 포기하고 내 존재 자체를 부정하는 것만이 답일까? 그것만이 우리가 할 수 있는 최선의 선택은 결코 아닐 것이다.

강한 염세주의는 삶을 긍정한다

니체는 '왜 사는가?'에 대한 답을 숲의 신 실레노스가 들려주는 이야기에서 찾는다. 미다스 왕이 디오니소스의 시종인 실레노스에게 "인간에게 가장 좋은 것, 가장 훌륭한 것은 무엇인가?"라고 묻자, 현자는 한바탕 웃으며 이렇게 대답한다.

> 불쌍한 하루살이여, 우연의 자식이여, 고통의 자식이여, 하필이면 듣지 않는 것이 그대에게 가장 행복한 일을 왜 나에게 말하라고 하는가? 최상의 것은 그대가 성취할 수 없는 것이다. 태어나지 않는 것, 존재하지 않는 것, 무로 존재하는 것이다. 그러나 그대에게 차선의 것은 바로 죽는 것이다.

현자의 이 같은 답변은 인간이란 살아 있는 동안에는 고통에서 완전하게 벗어날 수 없는 운명임을 알려준다. 하지만 니체는 염세주의를 두 가지로 구분한다. 약한 염세주의는 삶을 부정하지만 강한 염세주의는 삶을 긍정한다. 니체는 현대사회를 '몰락, 퇴폐, 변질, 지치고 허약한 본능'이 지배하는 '약한 염세주의'로 진단하며 그리스인들이 어떻게 삶의 고통과 잔인함, 구역질을 강하고 용기 있는 시선으로 바라볼 수 있었는지 밝혀낸다.

아무리 힘든 상황에서도 포기하지 않고 건강함과 긍정을 유지할 수 있는 것은 비극예술 덕분이다. 그리스 비극에는 삶의 무게를 견디게 하는 힘이 있다. 니체는 삶을 약화시키는 염세주의에 맞설 힘을 예술에서 찾는다. 삶의 무의미함에 지치고 포기하고 싶은 사람에게 그리스 비극은 새로운 활력과 답을 제공한다. 함께 술을 마시며 즐기는 축제에서 예술은 카타르시스가 아니라 삶의 욕망을 자극하는 역할을 한다. 특히 음악은 '의지의 직접적인 표현'으로서 심연의 고통에 가닿아 우리의 삶을 자극한다.

우리의 운명은 태어나면서부터 정해지는 부분이 아주 많다. 내가 어찌할 수 없는 불운을 탓하지 않고 삶의 고통을 견뎌낼 방법은 없을까? 그리스인들은 함께 노래를 부르는 예술 체험을 통해 실레노스의 지혜에 맞섰다. 가장 나쁜 것은 곧 죽는 것이고, 그다음 나쁜 것은 언젠가 죽는 것이다. 그러니 죽음은 항상 나쁜 것이다. 실레노스의 지혜대로 차선의 선택인 '곧 죽는 것'은 최악이기 때문에 자살은 영원히 배제되어야 한다.

인간은 고통을 승화시켜 하나의 예술작품을 완성한다. 마치 장미가 가시덤불 속에서 아름답게 피어나는 것처럼 올림포스의 신전도 인간의 고통 속에서 빛이 난다. 디오니소스의 축제에서 인간의 고통은 견딜 만한 것이다. 아킬레우스와 같은 영웅이 아닌 비루한 날품팔이라 하더라도 더 오래 살아남고자 한다. 인간은 죽음보다 삶을 더 욕망하는 법을 알게 된 것이다.

디오니소스 축제의 핵심은 함께 술을 마시면서 관객과 합창단이 춤으로 하나가 되는 현상이다. 인간과 인간뿐만 아니라 인간과 자연이 서로 하나가 되면서 모든 고통을 잊는다. 술에 취하다 보면 무아지경에 이르고 황홀경에 빠져 현실의 고통을 잊게 된다.

오늘날 우리에게는 직장에서든, 가정에서든 각자 자신의 역할이 구분되어 있다. 이런 개별화된 상태는 역할에 따른 고통도 함께 부여한다. 그러나 하루가 저물고 술에 취해 너와 나의 구분이 없는 환각 상태, 축제의 상태에 이르면 고통의 원인인 '구별'이 사라진다. 이처럼 포도주의 신이 뜻하는 '디오니소스적인 것(황홀함)'을 경험함으로써 '태어나지 않았다면 더 좋았을 텐데'라는 후회를 망각한다.

고통을 넘어서는 황홀경

니체의 『비극의 탄생』에서 디오니소스는 개별성의 소멸을 통해 전체와의 합일을 나타내며, 스스로 찢겨 부서지면서 황홀경에 빠지는 신이다.

> 사람들은 디오니소스적인 것에 다가갈 수 있을 것이다. 이제 노예는 자유민이다. (…) 인간들 사이에 놓여 있는 완고하고 적대적인 모든 구분이 부서진다. 이제 세계의 조화라는 복음에서 모두 자신의 이웃과 결합하고, 화해하고, 융해되어 있음을 느낄 뿐만 아니라, 마야의 베일이 갈가리 찢어져 신비로운 '근원적 일자' 앞에서 조각조각 펄럭이고 있는 것처럼 자신의 이웃과 하나 됨을 느낄 것이다. 인간은 노래하고 춤추면서 보다 높은 공동체의 일원임을 나타낸다.

마치 월드컵 응원과도 같은 디오니소스적 축제를 통해 우리는 개인의 고통을 완전히 잊게 된다. 디오니소스는 술과 매우 밀접한 신이다. 따라서 바쿠스Bacchus, 즉 주신酒神을 뜻하는 디오니소스의 본질은 술에 취한 상태를 떠올리면 쉽게 이해할 수 있다. 원시 부족이 술과 같은 환각성 음료를 마시고 강력한 봄 기운에 이끌려 격정에 눈을 뜨는 것처럼, 디오니소스적 망각 상태는 합창단과 관객이 춤으로 하나가 되는 바쿠스 제의祭儀에서뿐만 아니라 오늘날의 축제에서도 확인할 수 있다.

로마에서 바빌로니아에 이르기까지 고대 세계의 곳곳에서 디오니소스 축제가 열렸다. 축제를 통해 인간은 일상의 경계를 넘어선다. 디오니소스적인 마력에 휩싸이면 인간은 인간뿐만 아니라 자연과도 화해하게 된다. 온 대지의 맹수와 함께 모두 이웃이 되면서 하나 됨을 느낀다. 실체를 보지 못하게 가리고 있던 아폴론적 '마야의 베일The veil of Maya'이 찢어지면서 누구나 그 안에 감춰져 있던 신비로운 '근원적 일자一者'와 하나가 된다. 근원적 일자는 곧 우어아이네Ureine로 우주적 생명력의 유일한 그 어떤 것을 의미한다.

이렇듯 축제를 통해 노래하고 춤추면서 공동체의 구성원

이 된 인간은 근원적 일자, 그리고 고통, 모순과 완전히 하나가 되면서 자신을 잊는다. 술에 취해 현실의 고통을 잊는 것처럼 그리스인의 영혼을 가득 채운 것은 꽃이 활짝 핀 모습의 디오니소스적 무아지경과 황홀경, 환각이었다. 그러면서 비극적 실존의 밑바탕에 있는 추한 것, 무서운 것, 악한 것, 불가사의한 것, 파괴적인 것, 운명적인 것을 받아들이게 된다.

니체는 아폴론적인 것과 디오니소스적인 것을 구분한다. 아폴론이 태양과 같은 빛이라면 디오니소스는 어둠을 의미한다. 따라서 아폴론적인 삶이란 이성에 따라 자신을 구분해 이해하는 것이고, 디오니소스적인 삶이란 술에 취해 구분이 사라진 기분 좋은 상태다. 아폴론적인 것이 개별적인 것을 강조한다면, 디오니소스적인 것은 그것이 허물어져 하나가 되는 것을 강조한다. 아폴론적인 것은 '너 자신을 알라. 너무 지나치지 말라'는 명령을 통해 개체 간의 경계를 준수하도록 지시하는 그리스적 의미의 절도節度다.

반면 디오니소스는 개별화의 고통을 뜻한다. 디오니소스는 몸이 산산이 찢기는 고통을 느끼며 죽지만 부활하는 신이다. 디오니소스는 소년 시절 거인들에 의해 갈기갈기 찢겼는

데, 이런 원초적 고통은 생명이 공기, 물, 흙, 돌로 분리되는 죽음을 뜻한다. 이렇게 개별화의 고통을 몸소 겪은 신은 다시 태어난다. 니체는 이런 개별화의 상태를 '모든 고통의 원천'이자 '근원'이며, 그 자체로 비난받아야 하는 것으로 생각한다. 디오니소스가 부활함으로써 이런 개별화는 사라지고, 디오니소스가 포도주로 다시 태어나면서 개별화의 고통은 극복된다. 따라서 누구나 포도주에 취하면 각자를 구별하는 상태를 지양하고 디오니소스적인 기쁨 속에서 하나가 된다.

아폴론적인 것은 각자가 맡은 사회적인 역할을 분명히 한다. 따라서 아폴론적인 가상은 인간이 경계를 넘지 않고 디오니소스의 광폭한 격정으로부터 자유로운 관조와 평정을 상징한다. 쇼펜하우어의 '마야의 베일'처럼 인간은 광란의 바다와 같은 고통 속에서 '개별화의 원리'에 의지한다. 이런 아폴론의 '개별화의 원리'가 깨져 혼란이 생기면 인간은 자신의 가장 깊은 근저와 자연으로부터 솟구쳐 나오는 환희에 찬 황홀감을 전율과 함께 받아들여 디오니소스적인 것을 체험하게 된다.

디오니소스적인 것이 이 세계의 근본인 '근원적 일자'와의 합일을 말한다면, 니체가 사용하는 용어인 '개별화의 원리'는 쇼펜하우어의 『의지와 표상으로서의 세계』에 나오는 개념이다. 세계의 본질인 의지가 대상을 통해 다양화되는 조건은 시간과 공간이라는 개별화의 원리다. 따라서 인간이 시간과 공간의 조건에 따라 개별적으로 파악해 인식하지만, 실제로는 하나의 세계만이 존재한다. 이것을 느끼기 위해서는 예술 경험이 필요하다.

오늘 하루도 힘겨운 시간을 견뎌냈다면, 그래서 종종 삶에 회의가 든다면 당신은 어떤 선택을 하겠는가. 니체의 권유대로 와인 한 잔과 음악으로 삶에 쉼표를 찍어보는 것은 어떨까.

CHAPTER

2

불행과 고독

(고독)

외로움을 친구로 두어라

Schopenhauer

쇼펜하우어는 “인간은 누구나 혼자 있지 않을 수 없다. 결국 인간의 행복은 얼마나 혼자 잘 견딜 수 있는가에 달렸다”라고 말한다. 뛰어난 정신력을 지녀 내면이 풍부한 사람은 자신의 행복을 위해 다른 사람을 필요로 하지 않는다. 반면 내면이 비어 있는 사람은 자기 자신에게서 도망쳐 타인과 덧없는 시간을 보낸다. 나의 행복을 내 안에서 찾는 것이 아니라 타인을 통해 찾으려는 것이다. 하지만 인간은 고독 속에 있을 때 자신이 지닌 본래의 모습이 드러난다. 고독으로 되돌아갈 때 우리는 진정으로 우리 고유의 모습을 찾을 수 있다.

무소의 뿔처럼 혼자서 가라

생각이 깊고 상상력이 풍부한 사람은 삶에 활력과 생기가 넘치지만, 어리석은 바보는 따분함에 시달린다. 정신이 빈약하고 천박한 사람일수록 누군가와 어울리기를 좋아한다. 고독은 나 자신에게 온전히 몰입하는 순간이기도 하다. 나이가 들고 주위 사람들이 하나둘씩 곁을 떠나면 고독의 중요성이 더 크게 느껴진다. 사랑, 승진, 명예에 대한 욕망은 사라지고 나 자신에게 가장 중요한 게 무엇인지 알게 된다. 탁월하고 풍부한 개성, 특히 뛰어난 정신을 지닌 사람은 행복의 혜택을 누린다. 이들은 추운 겨울날 혼자서도 크리스마스를 즐길 수 있다.

우리는 늘 행복의 내적 원천인 고독의 샘이 고갈되지 않도록 해야 한다. 고독의 샘은 관직과 금전, 세속적인 인기를 탐하는 저급한 취향이 아니라 독립과 여가, 절제와 절약을 통해서만 지킬 수 있다. 밖에서 찾는 즐거움과 이익을 위해 내면에 손실을 만들어서는 안 된다. 부귀영화, 지위, 사치, 칭호와 명예를 위해 자신의 안정과 여가와 독립을 희생하는 것은 어리석은 일이다.

인간관계에는 늘 타협과 순응이 필요하다. 교제의 범위가 넓을수록 자신의 자유도 그만큼 희생해야 한다. 많은 사람을 만날수록 강요는 늘어나고, 개성이 뚜렷한 사람일수록 더 큰 희생이 따른다. 따라서 고독 속에서 자신의 위대함을 찾는 사람은 다른 사람에게서 행복을 찾을 수 없다. 정신적으로 우월한 사람일수록 무리에 속해 있는 삶이 불편하게 느껴진다. 고독을 견디며 사랑할 수 있는 사람은 진정 위대한 사람이다.

인간은 저마다 개성과 욕망이 다르므로 타인과 완전히 하나가 될 수는 없다. 우리는 관계 속에서 끊임없이 부딪치며 불협화음을 만들어 낸다. 인간이 완전히 하나 될 수 있는 것은 나와 나 자신뿐이며, 다른 사람과는 불가능하다. 자신의 비밀을 털어놓을 수 있는 대상 역시 나 자신이다. 우정, 사랑, 결혼에 의한 친밀한 관계에서도 비밀을 털어놓아서는 안 된다. 쇼펜하우어는 그에 대해 이렇게 말한다.

> 마음의 진정하고 심원한 평화이자 완전한 내면의 평정, 즉 건강 다음으로 가장 중요한 이 지상의 재화는 고독 속에서만 발견할 수 있으며, 철저한 은둔 상태에서만 지속적인 기분을

> 가질 수 있다. 그럴 경우 자신의 자아가 크고 풍요롭다면 이 가련한 지상에서 얻을 수 있는 가장 행복한 상태를 누릴 수 있다.

고독은 마음의 평정과 행복의 원천이며, 고독을 견디며 나 자신에게 의지할 때 비로소 나는 나에게 모든 것을 걸 수 있다. 고독을 견디는 능력이 부족하면 내면의 공허와 권태를 다스리지 못해 타인에게 의지하게 되고 유흥이나 잡담, 사교 모임을 즐기게 된다. 하지만 여기에는 적잖은 위험이 따른다. 누군가와 함께하는 행위가 그 대상을 좋아하거나 사랑해서가 아니라 고독이 두려워서이기 때문이다. 타인과 함께하는 시간이 즐거워서가 아니라 자신의 적막함과 답답함, 단조로움, 갑갑함을 견디기 위한 것뿐이다.

불필요한 만남에 회의가 들기 시작하면 비로소 고독이 주는 장점을 깨닫게 된다. 쇼펜하우어는 "지적으로 뛰어난 사람은 고독으로 두 가지 이점을 얻는다. 첫째는 자기 자신과 함께한다는 이점이고, 둘째는 타인과 함께하지 않는다는 이점이다. 모든 교제에는 수많은 강제와 고충, 위험이 뒤따른다는 것을 감안하면 두 번째 이점을 높이 평가할 만하다"라고 말한다.

인간관계에서 많은 고뇌가 생겨나기 때문에 만남을 필요로 하지 않을 정도로 내면이 풍부한 사람은 그 자체로 행복하다. 혼자 있지 못해 다른 사람과 접촉하는 것은 위험하다. 혼자서도 단단히 설 수 있는 사람이 타인과도 잘 지낼 수 있다. 인간관계에 문제가 많다고 느껴진다면 스스로 고독을 즐기는 능력부터 키우는 게 좋다. 그러면 타인과도 잘 지낼 수 있다.

홀로서기의 즐거움

고독은 인간의 원초적 상태이므로 마음의 평정을 찾으려면 부산한 만남부터 줄여야 한다. 세상 모든 것이 그렇듯이 관계 혹은 교류에도 절제가 필요하다. 고독과 친해진다는 것은 행복이라는 보석을 얻는 것과 같다. 고독을 견디지 못하는 사람은 결핍과 무료함에 시달리게 되고, 이 결핍과 무료함은 우리의 홀로서기를 방해한다. 고독한 상태만이 유일무이성에 부합하기 때문이다. 이런 의미에서 볼 때 고독은 우리를 최초의 인간인 아담으로 만들어 자신의 본성에 맞는 본래의 행복한 상태로 돌아가게 해준다. 그러나 고독이 인간의 자연스러운 성향은 아니다. 쇼펜하우어는 이렇게 말한다.

> 인간은 이 세상에 태어날 때 혼자가 아니라 부모형제 사이에, 공동체 속에 있었다. 그에 따라 고독을 사랑하는 마음은 타고난 성향으로 존재하는 것이 아니라 경험과 숙고의 결과로 비로소 생겨났을 수 있다. 고독을 사랑하는 마음은 정신적 능력이 발달해가면서 생기겠지만, 나이를 먹어 가면서도 생길 것이다. 따라서 전체로 보면 인간 각자의 군서 본능은 나이와 정확히 반비례한다.

어린아이는 혼자 있는 것을 불안해하고 청년은 대체로 어울리는 것을 좋아한다. 하지만 나이가 들면 하루 종일 혼자 있는 일이 어렵지 않다. 많은 사람이 곁을 떠나고 인생의 쾌락을 즐기는 시기를 지나 노년에 이르면 고독이 자신의 본질이라고 깨닫게 된다. 이런 감정은 지적 수준이 발달함에 따라 생겨나기도 하지만 자신이 겪은 경험과 그에 대한 성찰의 결과이기도 하기 때문이다. 고독과 고립은 귀족적인 감정이다. 고상한 사람일수록 어울려 지내는 쪽보다 고독을 선택한다. 위대한 정신의 소유자는 천박함 속에서 살아가긴 해도 그 일원이 되지는 않는다.

젊은 세대의 고독은 뛰어난 정신을 지닌 소수만의 숙명이지만 나이가 들면서 점차 사리 분별 있는 행동으로 이어진다. 60대가 되면 자연스럽게 고독에 대한 충동이 일어난다. 남과 어울리려는 충동이 더 이상 생기지 않으면서 자족감이 생겨나고 착각과 어리석음에서 벗어난다. 자신이 겪은 경험과 그에 대한 성찰, 갈고닦은 지식과 능력 덕분에 누구를 만나도 그 대상이 어떤 인물인지 이내 파악할 수 있다. 대상에 대한 환상이나 착각이 자리할 틈이 없는 것이다.

일찍부터 고독을 친구로 삼으면 그것이 제2의 천성이 되기도 한다. 그러면 본능과 싸워 겨우 고독을 사랑하는 마음을 갖지 않아도 자연스럽고 단순하게 고독을 즐기게 된다. 고독한 상태가 물을 만난 고기처럼 되는 것이다. 탁월한 개성, 남달리 독보적인 개성을 지닌 사람은 자신의 본질적 고립으로 인해 젊은 시절에는 압박감을 크게 느끼지만 노년에는 오히려 홀가

분한 기분을 갖게 된다.

로마의 유명한 시인 호라티우스Quintus Horatius Flaccus는 『송가』에서 "모든 면에서 행복한 것은 아무것도 없다"라고 말했고, 인도 속담에는 '줄기 없는 연꽃은 없다'라는 말이 있다. 마찬가지로 고독에도 많은 장점과 더불어 사소한 단점과 고충도 분명 존재한다. 하지만 남들과 어울려 지낼 때 따라오는 위험에 비하면 아주 미미하다. 쇼펜하우어는 친구가 없이 강아지 한 마리와 평생을 지낸 것으로 알려져 있다. 그는 고독을 통해 더 크게 성장할 수 있었다. 고독을 잘 즐기는 것이 곧 행복에 이르는 길이다.

고독 속의 환희

Nietzsche

니체는 타인과의 교제에 어려움을 느꼈다. 완전한 민감, 순수에 대한 본능 때문이었으리라. 그는 누군가 다가오면 영혼의 가장 내적인 것을 생리적으로 지각했다. 이런 민감함은 타인의 비밀을 감지하고 파악해 내는 심적 촉수가 된다. 타인의 냄새에서 '구토'를 느끼는 것은 극도의 순수함이 만들어 낸 생존 조건 때문이다. 니체는 "내게 인간과의 교제는 내 인내심에 대한 적지 않은 시험이다. 내 인간애는 사람들과 함께 공감하는 데 있지 않다. 오히려 내가 그들과 공감한다는 것을 참아 내는 데 있다. 내 인간애는 끊임없는 자기 극복이다"라고 말한다.

고독만이 영혼을 자유롭게 하리라

니체는 “고독은 우리 자신을 더 강하게 만들지만 타인에겐 더 부드럽도록 만든다. 고독은 두 가지 면에서 우리를 성장시킨다”고 말한다. 그러니 니체에게는 ‘고독’이 필요하다. 고독은 자기 자신에게로 되돌아오는 것, 즉 회복이다. 그가 구토에서 벗어나는 방법은 자유롭고 맑은 공기를 통해서다. 니체는 냄새나는 것을 피해 순수하지 못한 온갖 것들이 접근할 수 없는 높은 경지에서 혼자 기쁨의 샘을 발견한다. “여기 더없이 높은 곳에 기쁨의 샘물이 솟아오르고 있다! 또한 그 어떤 잡것도 함께 마시겠다고 하지 않는 생명이 있다!”

니체의 순수함에 대한 열망이 어떻게 고독을 필요로 하는지는 그의 저서 『차라투스트라는 이렇게 말했다』에서 확인할 수 있다. 차라투스트라는 서른이 되자 자신의 고향을 떠나 산으로 올라가 10년을 고독과 함께 지냈다. 하지만 그는 지치지 않았다. 고독에 대한 니체의 생각은 방랑자, 자유 정신에서 비롯한 대중과 타협하지 않는 삶에서 드러난다. 이 책은 고독에 대한 송가이자 순수에 대한 송가다. 인간에 대한 구토, 더러운 것에 대한 구토는 니체에게 늘 가장 큰 위험이다. 차라투스트라는 어떻게 구토로부터 구제되었을까?

더러운 곳이 닿지 않은 높은 경지에는 순수함만이 존재한다. 마치 태양이 작열하는 한 여름날 높은 산꼭대기에서 발견하는 차가운 샘물처럼 행복은 그렇게 발견된다. 높디높은 곳에는 더러운 자들이 올라올 수 없으니 고독이라는 깨끗한 기쁨의 샘을 혼자 맛보게 된다. 미래의 고독한 사람들은 '독수리가 부리로 날라주는 음식'을 먹고 살게 되는데, 이는 깨끗하지 못한 자들이 절대 맛볼 수 없는 기쁨이다. 우리는 아주 거센 바람처럼 그들 위에 살고자 한다. 거센 바람이라면 독수리와 이웃하고, 만년설과 이웃하고, 태양과도 이웃하면서 그렇게 산다.

차라투스트라는 거센 바람이 되어 온갖 낮은 것을 휩쓸어 버리는데, 구토하는 자들에게 바람 쪽으로 침을 뱉지 말라고 경고한다. 그러나 이처럼 고독과 순수를 찬미한 니체도 완고한 결벽증으로 인해 대중과 거리를 두고, 대중을 경멸하는 상황에까지 이른다. 니체는 "인간은 얼마나 고독한가!"라며 한탄한다. 차라투스트라는 "제자들이여, 나는 앞으로 혼자가 된다. 자네들도 마찬가지다. 모두 혼자가 돼라. 나는 그것을 바란다"라면서 타인에게 의지하지 말고 노골적으로 혼자 나아갈 것을 독려한다. 제자들에게 있어 차라투스트라는 의지할 '지팡이'가 아니라 '급류의 난관'이다.

『차라투스트라는 이렇게 말했다』는 누군가를 설득하려 하기보다 차라투스트라의 고독한 독백으로 이루어져 있다. 니체의 행복한 삶은 자연과 더불어 사는 고독한 전원생활이다. 산속에서 자연을 거울삼아 혼자 살아가려면 우선 속세를 떠나야 한다. 진정한 행복을 원한다면 산속에서 홀로 고독을 느껴라. 무엇보다 '돈'에 대한 관심에서 멀어져야 한다. 전원생활에서 느끼는 행복은 장사(계산)를 떠나 '자연의 거울' 속에서 가족 같은 편안함을 느끼는 것이다. 가장 큰 기쁨은 산속에서 고독이 자신을 들여다보는 것과 같은 침묵에서 적막한 사랑을 느끼는 것이다. 슬픔, 적막, 죄책감이라는 어두운 상태'에서도 우리를 비추는 자연의 빛은 곧 기쁨이다.

자연의 거울 속에서 "커다란 잎이 달린 호두나무 아래에서 마치 가족에게서 느끼는 것처럼 편안해지는 것, 산에서 가장 큰 기쁨은 고독 자체가 그를 바라보는 것 같은 작은 외딴 호수를 발견하는 것, 가을과 초겨울 저녁에 창문으로 기어올라 영혼 없는 모든 소리를 벨벳 커튼처럼 감싸주는 안개 낀 황혼의 잿빛 적막에 사랑을 느끼며 침식되지 않은 바위에서 과거 이야기를 하고 싶어 하는 증인"으로 인식하는 것이다. 고대 로마 시인 호라티우스는 "장사를 떠난 자는 행복하리라"는 시의 인용구에서 고리대금업자의 입과 영혼을 빌려 전원생활에서 느낄 수 있는 '서정적 감수성'을 강조했다.

내 정신의 소유자는 바로 나

시장에는 고독 대신 소란이 있다. 소란스러운 시장을 걷다 보면 외로움이 사라진다. 시장에는 배우, 어릿광대, 쇠파리가 지배하는 곳이다. 니체는 "아무리 훌륭한 것이라 해도 그것을 연출해 내는 사람이 없으면 아무런 쓸모가 없다. 민중은 이런 연출자를 위대한 사람이라고 부른다"고 말한다. 대중들은 위대한 것에 대한 창조를 전혀 알지 못하고 연출자가 만들어 낸 배우에 열광할 뿐이다. 이 세계에서 중요한 것은 모두 연출된 것이다. 배우들은 유명세를 얻고 대중들은 그것을 맹신한다. 세상이 그렇게 돌아간다.

니체는 "배우는 늘 대중에게 더없이 강한 확신을 불러일으키는 것을, 말하자면 그 자신을 믿도록 만든다고 확신한다! 배우는 내일이면 하나의 새로운 믿음을, 그리고 모레가 되면 더욱 새로운 믿음을 하나 갖게 된다"고 말한다. 대중들은 변덕스럽기에 오늘과 내일의 목표는 이 대중을 열광시키는 것이다. 대중의 감각에 맞게 '뒤집어엎는 것'이 '증명'이며 '열광케 하는 것'이 '설득'이다. 이렇게 대중과 함께하는 즐거움 속에서 고독은 잊힌다. 그에게는 그것이 곧 설득이다. 대중은 조용하게 다가오는 진리를 거짓말이라 여기며 이 세상에서 소란스러운 것들만을 믿는다.

또한 장터에는 성대하게 차려입은 '어릿광대'들이 많은데, 대중들은 그들을 '시대의 영웅'이라며 자랑스럽게 여긴다. 어릿광대는 대중들에게 끊임없이 긍정과 부정을 다그치며, 찬성과 반대를 재촉한다. 시장에는 전혀 가책을 느끼지 않고 우리의 피를 빨려고 달려드는 쇠파리들이 있다. 쇠파리들은 우리의 상처에서 나는 피를 원한다. 아직 아물지 않은 상처에 또 상처를 내면서 다가온다. 우리의 덕과 긍지 때문에 쇠파리는 자존심이 상한다. 스스로 자신을 하찮게 여기며 복수심에 불타 우리를 미워한다. 그것이 우리의 피를 빨려는 이유다. 그러니 우리에게 상냥하게 아첨하며 다가오는 것들을 경계하라.

우리에게 영원히 쇠파리로 남게 될 이웃을 멀리해 자신의 고독 속으로 달아나야 한다. 니체는 "위대한 일은 언제나 시장터와 명성에서 멀리 떨어진 곳에서 이루어지기 마련이다. 새로운 가치를 창출하는 자들도 예로부터 시장터와 명성에서 멀리 떨어진 곳에서 살아왔다"고 말한다. 시장이 아니라 고독 속에서 위대한 것이 창조되었다. "벗이여, 너의 고독 속으로 달아나라. 사납고 거센 바람이 부는 곳으로! 파리채가 되는 것이 네가 할 일이 아니다." 복수심과 열등감에 찌든 쇠파리를 잡아보겠다고 팔을 들어 올리지도 말라! 쇠파리는 헤아릴 수 없이 많으니 나 스스로 '파리채가 되는 것'이 우리의 할 일은 아니다.

시장을 떠나 자신만의 고독 속으로 돌아가야 한다. 니체는 권력을 차지하려 다투는 정치인을 악취가 나는 원숭이에 비유한다. 정치판에서 원숭이는 더 높이 기어오르기 위해 앞다퉈 서로를 타고 넘어간다. 그러다가 진흙과 나락으로 떨어지는데, 그들이 오르고자 하는 곳은 모두 '왕좌'다. 행복이 왕좌에 있다고 생각하며 권력투쟁을 벌이지만 그들 중 누구도 왕좌 안에 진흙만이 있다는 사실을 알지 못한다. 정치판의 원숭이들은 미치광이요, 정신 나간 자이며, 저들이 떠받드는 우상인 '냉혹한 괴물'일뿐만 아니라 국가의 우상 숭배자도 고약한 악취를 내뿜는다. 저들의 탐욕에서 뿜어 나오는 악취에 질식하지 않으려면 그곳에서 빠져나와 자신만의 고독 속으로 돌아가야 한다.

고독은 끊임없는 자신과의 싸움이다. "고독한 사람은 외로울 때 자신을 먹어 치우고, 많은 사람 속에 있을 때는 사람들이 그를 먹어 치운다." 따라서 "지혜는 사람이 넘쳐나는 시장에서도 고독한 사람이 자신에게만 속삭이는 귓속말"이다. 니체는 말한다. "나는 이제 더 고독하게, 그리고 나 자신을 더 이상 믿지 않으면서 나 자신에게 적이 되었고 바로 나에게 고통을 주고 혹독하게 대했던 모든 것의 편을 들게 되었다. 지 대담한 염세주의로 가는 길을 다시 발견한 것이다." 중요한 것은 '나' 자신에게로, 즉 내 사명으로 나아갈 길을 발견하는 것이다. 고독은 정신의 황야에서 벌이는 자신과의 싸움이다. 자신을 제압함으로써 새로운 존재로 거듭나게 된다. 만약 내가 '나'라는 적에서 도망치면 새로운 적인 '악마'가 살아난다.

방랑자에게는 고독과 위험이 곧 운명이다. 산속의 방랑자에게 "앞으로 그리고 더 높이 나아갔다는 확실한 증거가 있다"면 그것은 자유와 고독이다. 더 깊은 생각과 용기를 갖게 된 방랑자의 걸음걸이는 더 발랄하고 확실해진다. 그가 앞으로 나아갈 길은 과거보다 더 고독하고 위험하다. 높은 산에 오를수록 이 세상에 나 혼자뿐이라는 사실을 더욱 깊이 느끼게 된다. 그리고 그곳에서 자기 내면의 샘에서 솟아나는 가장 강한 청량제를 마신다.

부유한 사람이라도 '사막의 고독' 속에 있다면 자신이 가진 재산과 명예는 아무런 의미가 없다. 고독은 시도 때도 없이 우리를 위협하고 목을 조르고 심장을 짓누른다. "자신의 정신을 자신을 위해 소유하고 또 그것을 혼자서 향유"해야 한다는 생각이 우리를 곤경에 빠뜨리기도 한다. 그렇더라도 인간이 이룬 모든 위대한 것은 "고독 속에서 우리가 체험하는 모든 감동의 화학"이다.

CHAPTER

3

너무 지쳐버렸다

(우울)

우울증은 어쩌면 좋은 자극제다

Schopenhauer

저마다의 세계는 각자 바라보는 관점에 의해 결정된다. 생각의 차이에 따라 세상이 달리 보이는 것이다. 생각이 빈약한 사람에게는 메마른 세상이 보이며, 풍부한 상상력을 가진 사람에게는 즐거움으로 가득한 세상이 보인다. 밝은 사람에게는 세상사가 흥미진진하지만, 우울한 사람에게는 비극의 연속이다. 이 세상을 온전히 이해하려면 주관과 객관이 조화를 이뤄야 한다. 객관적인 세계가 아무리 완벽해도 주관적인 것과 반드시 일치하지 않듯이, 아무리 행복한 환경에 있더라도 우울한 사람은 자신의 어두운 의식에 갇혀 살아간다.

왜 우울한가

인생이라는 연극 무대에서는 누구나 각자의 역할이 있다. 누구는 재벌 역할을, 누구는 하인 역할을, 누구는 거지 역할을 맡지만 그 안을 자세히 들여다보면 모두 다 고통에 시달린다. 비극을 감추고 연기하는 희극배우에 불과하다. 인생의 행복과 불행은 지위와 부에 따라 결정되는 것이 아니다. 인간이 겪는 고통의 형식은 다르지만, 본질은 궁핍의 고통과 과잉의 권태 두 가지다.

쇼펜하우어는 "정도의 차이는 있다 해도 그것이 신분과 부, 즉 역할에 따른 차이는 결코 아니다. 다시 말해 인간에게 있고 인간에게 일어나는 모든 것은 언제나 그 자신의 의식 속에 있고 그 의식에서 일어나는 것이므로 분명 의식 자체의 성질이 무엇보다 중요하다"고 말한다. 따라서 세상이 우울하고 슬프게 보이는 것은 객관적인 세계가 아니라 그것을 구성한 자신의 의식이 만들어낸 생각이다. 명랑한 사람은 감옥 안에서도 잘 지낼 수 있다.

그러나 몸의 건강이 반드시 명랑함을 가져다 주지는 않는다. 모든 조건이 좋고 몸이 건강해도 우울과 슬픔이 생겨날 수 있다. 우울증의 궁극적 원인은 유기체의 원래적이고 변경 불가능한 성질이다. 대개 민감성과 감수성이 정도를 넘어선 경우가 많다. 비정상적으로 감수성이 예민한 경우에는 감정의 기복, 주기적이며 과도한 명랑함, 우세한 우울감이 나타난다. 천재에게도 정신력, 즉 감수성의 과도함이라는 특징이 있다. 그래서 아리스토텔레스는 "철학이든 정치든, 문학이든 예술이든 탁월한 인간은 모두 우울한 것 같다"고 말한다. 탁월하고 뛰어난 인간은 너무 예민하기 때문에 우울한 것이다.

타고난 기질에 따라 똑같은 장면을 보더라도 웃는 사람이 있는가 하면 심각한 표정을 짓는 사람도 있다. 이 차이는 명랑함과 침울함으로 표현할 수 있다. 사람마다 유쾌한 인상과 불쾌한 인상을 받아들이는 감수성이 다르기 때문이다. 누군가는 절망에 빠지는 심각한 상황이지만 또 다른 누군가는 그 상황을 허허 웃어넘기기도 한다. 불쾌한 인상을 강하게 느끼는 사람일수록 유쾌한 인상은 약하게 느낀다. 그래서 더 우울해진다.

침울한 사람은 행복한 일을 겪었을 때는 기뻐하지 않다가 불행한 일이 닥치면 불같이 화를 내거나 괴로워한다. 반면에 명랑한 사람은 불행한 일을 당하고도 화를 내거나 괴로워하지 않고 행복한 일을 맞이하면 크게 기뻐한다. 쇼펜하우어는 "침울한 사람은 열 가지 계획 가운데 아홉 가지를 성공하더라도 이 아홉 가지에 대해 기뻐하지 않고 그 한 가지 실패한 것에 화를 낸다"고 말한다.

하지만 우울함에도 장점은 있다. 우울함은 재난에 대한 걱정이자 대비책이다. 만사를 비관적으로 보고 항시 최악의 경우를 생각하며 그에 대한 예방책을 강구하는 사람은 사물의 밝은 면을 보고 낙관적으로 생각하는 사람에 비해 오산하는 경우가 적기 때문이다. 생각과 상상 속에서 늘 불운과 고통을 생각하는 사람은 실제 삶에서는 그런 일을 별로 겪지 않는다. 하지만 명랑한 사람은 한 가지 일에 성공한 것만으로도 자신감을 갖고 행복해한다. 그러나 현실은 다르다. 명랑하고 아무 걱정 없는 사람은 현실에서 고난을 겪는 일이 많다.

지속적인 침울과 우울증, 불쾌감이 지속되면 삶에 염증을 느껴 자살 욕구가 생기기도 한다. 자살을 고통의 해결책으로 여기는 정서는 일종의 정신질환이다. 늘 건강하고 명랑하던 사람도 피할 수 없는 엄청난 불행을 겪으면 자살을 생각하기도 한다. 늘 우울한 사람에게 슬픈 일은 큰 충격이 아니지만, 명랑하고 건강한 사람일수록 고통의 충격은 훨씬 크다. 따라서 "타고난 침울한 기분이 병적으로 심해져 저지르는 자살과 건강하고 명랑한 사람이 객관적인 이유 때문에 저지르는 자살의 양극단"은 다르다. 늘 우울한 사람이 명랑한 사람보다 고통을 견디는 면역력이 강하다고 할 수 있다.

우울함은 때때로 유용하다

느닷없이 내가 소중히 여기는 무언가를 잃었다고 상상해 보자. 그것이 가족일 수도 있고, 자신의 건강이나 재산일 수도 있고, 친구나 반려동물일 수도 있다. 어떤 기분이 드는가? 우리는 대체로 무언가를 잃고 나서야 그것의 소중함을 깨닫는다. 그러면서 지금 내가 소유하고 있는 것, 내 곁에 함께 있는 것에 감사하며 그것들을 잃지 않으려 노력한다. 그런 면에서 약간의 우울함과 비관적인 사고는 오히려 삶에 유용하다. 그러니 억지로 우울한 기분을 밝게 하려 노력할 필요는 없다. 반면에 지나친 희망은 그것이 깨졌을 때 환멸로 이어진다. 쇼펜하우어는 우울함에 대해 이렇게 말한다.

> 우리가 좋지 않은 여러 가능성을 생각하는 것이 더 나을지도 모른다. 그래야 나쁜 일을 막으려고 예방책을 마련할 것이고, 나쁜 일이 일어나지 않으면 생각지도 않게 기분이 좋아질 것이다. 불안을 견디고 나면 언제나 눈에 띄게 명랑해지기 때문이다. 그러니 우리가 혹시 당하게 될지도 모르는 큰 재난을 때때로 상상해 보는 것이 좋을지도 모른다. 그러면 나중에 실제로 훨씬 작은 재난을 당했을 때 큰 재난을 당하지 않았다는 사실을 다행으로 여겨 견디기가 훨씬 수월할 것이다.

이런 점에서 자살은 어리석다. 심한 우울증에 걸린 사람은 자신의 정신적 고통이 워낙 크다 보니 자살에 따른 육체적 고통이 크지 않으리라고 생각한다. 그래서 서둘러 결단을 내리는 일이 많다. 그러나 자살이 어떤지는 아무도 알 수 없다. 죽은 자는 말이 없기 때문이다. 자살이란 인간이 자연에 묻고 그에 대한 답변을 강요하려는 하나의 실험이자 질문으로 볼 수 도 있다. 다시 말해 죽음을 통해 인간의 생존과 인식이 어떤 변화를 겪는지 알아보려는 실험 말이다. 하지만 그것은 서툰 실험이다. 왜냐하면 이 실험은 질문을 하고 대답을 들어야 할 의식의 동일성마저 파괴해 버리기 때문이다.

우리는 자신의 노력에 따라 소망이 이루어지는 것을 인생의 목표로 삼지만, 막상 이루고 나면 그것이 착각이었음을 알게 된다. 결핍에서 충족으로 넘어가는 과정을 반복하면서 권태와 우울감이 나타나는데, 이 슬픈 기분에 빠지지 않으려면 착각이 필요하다. 그래서 아직 무언가 소망하고 노력할 것이 남아 있을 때가 그래도 제일 행복한 법이다.

인생의 목적이 달성되면 그 가치는 곧 잊힌다. 우리의 기억에는 한계가 있기 마련이고 되살린 사건의 빈틈으로 허구가 들어와 망상과 우울증이 생겨난다. 미친 사람의 "기억에는 진실과 허위가 점점 더 많이 섞이게 된다. 옳게 인식된 직접적인 현재도 망상에 의한 과거와 허구적인 관계를 맺음으로써 날조된다. 그러므로 미친 사람은 자기 자신과 다른 사람을 자신의 허구적인 과거에만 존재하는 사람과 동일시하"게 된다. 잘못된 기억으로 과거와 현재의 사물 관계가 제대로 인식되지 못한다.

인간의 행복과 불행, 고뇌와 평안의 감정은 주관적으로 구성된다. 따라서 인간의 명랑함이나 우울함은 겉으로 드러나는 부나 신분에 의해 규정되는 것이 아니다. 왜냐하면 적어도 부자들 만큼이나 가난한 사람들에게서도 쾌활한 표정을 많이 볼 수 있기 때문이다. 자살의 동기는 다양하다. 그러나 모든 사람을 예외 없이 자살에 이르게 할 정도로 큰 불행도 없고, 작은 불행이라고 해서 자살을 유발하지 않는 것도 아니다. 시대나 지역에 따라 명랑함과 슬픔이 다를 수 있지만 명랑함과 우울함은 "외적인 상태의 변화가 아닌 내적 상태, 신체적인 상태의 변화 탓"이다.

우리는 흔히 고통이 특정한 외적 관계에서 생긴다고 생각하고, 그 관계가 제거되면 만족스러울 것이라고 믿는다. 그러나 이 또한 착각이다. 마찬가지로 명랑함은 대체로 아무런 외적 계기 없이 일어난다. 특별한 이유 없이 그냥 기분이 좋아서 웃는 경우가 있다. 부자만 웃을 수 있는 것이 아니라 가난한 사람도 웃을 권리가 있다.

인생은 실전이자 훈련이다. 사소한 재난이 우리를 괴롭히는 이유는 큰 재난을 견디는 힘이 소진되지 않도록 우리를 훈련시키기 위함이다. 매일 겪는 힘든 일, 관계에서 일어나는 충돌, 무시와 험담 등에 맞서기 위해서는 불사신 지크프리트가 되어야 한다고 쇼펜하우어는 말한다. 그는 중요하지 않은 일을 민감하게 받아들이거나 마음에 담아 두거나 곱씹지 말고 "길 앞에 있는 돌멩이처럼 내던져 버려야 한다"고 충고한다. 돌부리에 걸려 넘어지지 않으려면 돌을 멀리하거나 내던져 버려야 한다.

나는 나를 구제할 수 있을까

Nietzsche

니체는 『차라투스트라는 이렇게 말했다』의 「구제에 관하여」에서 불구자의 고통에 대해 이야기한다. 허리가 굽은 한 사람이 차라투스트라에게 다가와서는 가르침을 믿게 하려면 누구보다 불구자를 치료하는 능력을 보여야 한다고 조언한다. 가령 눈먼 자에게 앞을 보게 하고 다리를 저는 사람을 걷게 하면 차라투스트라의 말을 믿을 거라는 것이다. 차라투스트라는 그의 제안을 거절한다. 만약 눈먼 자의 눈을 고쳐 많은 것을 보게 되면 오히려 고통이 늘어나게 되고, 그러면 그는 눈을 치유해 준 차라투스트라를 미워하게 될 것이기 때문이다.

극복은 긍정에서 시작된다

결핍만 가득한 사람이 있는가 하면, 과잉만 가득한 사람도 있다. 이렇게 한쪽으로 치우친 사람을 '거꾸로 된 불구자'라고 부른다. 한쪽으로만 치우쳐 불균형한 사람에게는 고통이 따르고 그 고통을 이길 수 있는 방법은 기억 속에서 지우는 것뿐이다. 우리는 장애나 결핍을 직접 치료할 수 없고 그것에 대한 생각을 바꿈으로써 치유를 기대할 수 있다. 그것이 니체가 말하는 자기 구제다. 과거에 한 번 일어난 일은 거꾸로 되돌릴 수 없다.

불구자들이 고통받는 이유는 불구를 돌이킬 수 없다는 것, 다시는 정상이 될 수 없다는 사실 때문이다. 우리의 인생도 마찬가지다. 지난 시간을 돌이켜보면 성취한 것보다 이루지 못한 것이 훨씬 많다. 학업, 전공, 사랑 등 과거의 모든 선택에는 늘 아쉬움이 따른다. 가능하기만 하다면 과거를 되돌려 지금과 다른 선택을 하고, 다른 삶을 살고 싶지만 그럴 수 없으니 우울해진다. 시간은 어김없이 미래를 향해 흐르고 우리는 그 흐름을 거역할 수 없다. 우리는 모든 과거에 악의를 품는 관망

자일 뿐, 그 시간을 바꿀 수 없다. 이런 우울한 후회에서 벗어날 방법은 없는 것일까?

"그랬었지…" 이 말에는 이미 일어난 일에 더 이상 손을 쓸 수 없다는 우수가 담겨 있다. 과거에 대한 후회는 마치 무거운 '돌덩이'처럼 내 안에서 꿈쩍도 하지 않는다. 바꿀 수 없는 과거를 회상하며 분노하면 할수록 고통만 커진다. 이렇게 인간은 과거를 저주하며 고통이 있는 곳에 징벌이 있다고 믿는다. 자신이 벌을 받아 불구가 되었다고 왜곡하는 것이다. 뭔가 잘못했기 때문에 벌을 받는다고 추론한다. 고통의 원인을 죄로, 그 결과로는 벌을 상정함으로써 현실이 고통스러워지는 것이라며 죄의식을 갖는다.

죄(원인)에 따른 벌로 고통(결과)이 생겨났다는 추론은 잘못되었다. 그러나 모든 사건은 시간의 법칙에 따라 과거가 미래에 영향을 주면서 일어난다. 그렇다면 죄의 대가로 고통을 받는다는 잘못된 생각에서 벗어날 수 있는 방법은 없을까?

만약 정의가 영원하다면 구제는 불가능하다. 모든 벌이 영원해야 하기 때문에 죄에서 벗어나는 예외가 있을 수 없다. 따라서 정의가 살아 있는 한 벌을 받아 마땅한 인간은 고통의 기억에서 벗어날 수 없다.

니체는 이런 죄의식, 원한, 분노, 우울에서 벗어나기 위해서는 과거의 의미를 새롭게 해석해야 한다고 말한다. 마치 조각난 돌을 짜맞추는 것처럼 새롭게 의미를 만드는 것이다. 가령 '지난날 모든 것이 그랬다'를 '나는 그렇게 되기를 원했다'로 바꾸는 것이다. 과거는 바꿀 수 없지만 나 스스로 그것을 인정하면 자신이 겪은 상처와 화해가 가능해진다. 삶의 의미가 후회에서 의욕으로 바뀌면서 긍정이 되고, 그러면 나 스스로 삶의 고통에서 벗어날 수 있다.

차라투스트라와 대화를 나눈 불구자는, 자신이 장애를 갖게 된 원인을 알지 못했으며 이에 대해 원한을 품고 있다. 사실 불구는 죄가 원인이 아니라 유전이나 환경에 의해 생겼을 가능성이 훨씬 크다. 다행히 이런 잘못된 윤리적 죄의식은 의학이 발전하면서 대부분 설명되었다. 모든 원인의 조각이 맞춰져 전체 의미가 드러나고 필연적 원인을 알게 되면 잘못된 죄책감과 불행에서 벗어날 수 있다.

그러나 그 원인을 알 수 없을 땐 어떻게 해야 할까? 불구자가 고통에서 벗어날 수 있는 길은 자신이 불구자라는 비극을 인정하는 것이다. 그 결과 장애라는 사실은 바뀌지 않더라도 장애를 극복할 수 있는 용기가 생겨난다. 결국 스스로 고통에서 벗어나는 방법은 바로 긍정하는 것이다. 가령 학창 시절에 놀기만 하느라 공부를 못했다고 자책한다면, 거기에서 벗어날 수 있는 방법은 '그래, 나는 노는 것을 좋아했어'라고 인정하는 것이다.

나를 구제하는 힘은 내 안에 있다

그리스도교는 어떻게 우울증을 극복하려 했을까? 니체가 죄책감에서 벗어나려고 했다면, 성직자는 죄책감을 더 강하게 만들었다. 그리스도교 성직자가 활용하는 '주된 조작법'은 영혼을 갈가리 찢기 위해 '죄책감을 이용'하는 것이다. '죄'는 지금까지 병든 영혼의 역사에서 가장 커다란 사건이었다(여기서 죄는 동물적인 양심의 가책에 대한 성직자적 재해석을 의미한다). 죄책감, 양심, 죄의식은 병자를 더 병들게 하는 것이었다. 동물이 우리에 갇혀 고통에 시달리면서도 그 원인을 알지 못할 때 성직자는 고통을 죄와 관련지어 설명한다. 그들은 고통의 원인을 자신의 내면, 죄책, 과거의 단편인 죄에서 찾는다. 고통은 그것에 따른 벌이다. '원에 갇혀 빠져나오지 못하는 암탉'처럼 병자는 죄인이 되어 버렸다.

수천 년 동안 인류는 죄인으로 고통받고 살았으며 스스로 자신을 구원할 줄 몰랐다. 마치 최면에 걸린 것처럼 모든 과거를 왜곡해 고통으로 여기며 삶의 내용을 죄책감, 공포감, 벌로 오해한 것이다. 양심의 가책을 통해 과거가 반추되고 행위가 왜곡된다. 인간이 겪는 고통 속에는 '자기 환영', '고문', '알지 못하는 행복의 경련', '구원을 바라는 외침'이 들어 있다. 인류는 그것들을 죄책감, 공포감, 벌의 감정으로 재해석하면서 고통을 상대로 저항하지 않았다.

니체는 "불쾌와의 싸움에서 늙은 대마법사인 금욕주의적 성직자는 명백히 승리했고, 그의 왕국이 도래했다"고 말한다. 이미 사람들은 고통에 대항하지도, 더 이상 탄식하지도 않았고 오히려 고통을 갈망했다. 그래서 거꾸로 영원한 고통인 지옥을 만들어냈다. '죄인으로서의 인간'은 결국 지옥을 발명하기에 이른다.

그리스도교는 우울증을 없애기 위해 인간의 생명력을 떨어뜨린다. '우세한 불쾌감'과 싸우기 위해 생명감을 최저로 끌어내리는 수단을 활용한다. 가능하면 의욕도 소망도 전혀 가지려 하지 말고, 감정을 만들거나 '피'를 만드는 모든 것을 피하며, 사랑하지도 미워하지도 않고 무관심하며, 복수도 하지 않고 부자가 되지도 않고 일도 하지 않는다. 또한 우울증을 이기기 위해 최면을 사용한다. 많은 경우 '최면'의 도움으로 '생리학적 우울증'에서 벗어날 수 있었다.

겨울잠과 같은 최면을 통해 생명력을 떨어뜨려 고통에서 벗어나는 것은 삶에 반대되는 현상일 뿐이다. 최면(수면)을 통해 고통에 대한 감수성을 떨어뜨리는 것이다. '최면'은 "몇몇 동물에게는 겨울잠이며, 열대의 많은 식물에게는 여름잠과 비슷하게 인간의 상태에 이르려는 시도이며, 그 안에서 삶이 아직 제대로 의식되지 못한 채 유지되는 최소한의 물질 소모이자 신진대사"다. 따라서 인간이 목적을 위해 많은 에너지를 소비하는 것은 어리석은 일이다.

고통을 덜어낸다는 것은, 고통받는 자가 스스로 관심을 다른 곳으로 돌림으로써 고통이 들어설 여지가 없게 만드는 것이다. 이런 점에서 우울증을 방지하기 위한 방법 중 하나로 노동을 꼽을 수 있다. 이를 '노동의 축복'이라고 일컫기도 한다. 또한 이웃사랑을 실천함으로써 삶을 긍정하도록 자극을 받고 거기에서 생겨나는 작은 우월감은 생리적 장애자에게는 위로의 수단이다.

금욕주의적 성직자는 고통과 싸우기 위해 노동의 기계적 활동이나 그에 속하는 활동(절대적 규칙성, 아무 생각 없이 하는 정확한 복종, 단호한 생활방식, 시간 이용)을 활용한다. 노동을 통한 '상호부조 모임'에서 우울증을 치료하기 위해 상호 선행의 작은 즐거움(행복)이 장려되었고, 무리의 본능이 공동체 형성을 조장했다. 상호성을 지향하는 의지, 즉 무리를 형성하고 공동체를 지향하고 집회를 하려는 의지 속에서 무리를 이루는 것은 우울증과의 투쟁에서 중요한 진보이며 승리다.

이런 공동체가 성장함에 따라 개인 차원에서의 불쾌, 혐오, 경멸은 사라진다. 그러나 금욕주의는 병자를 더 병들게 한다. 이런 방식의 고통 치료법은, 현대의 척도로 본다면 죄가 있는 방식이다. 그런 치료법은 선량한 양심으로 사용된 것이다. 이 치료법이 의도한 바는 병을 치료하는 것이 아니라 우울증의 불쾌와 싸우고, 그것을 완화하고 마비시키는 것에 있었다.

이런 동양의 종교적 '구원'은 에피쿠로스와 똑같은 평가를 내린다. 최면에 걸린 허무의 감정, 가장 깊은 잠의 휴식은 곧 고통이 없는 상태이며, 고통받는 자나 근본적 부조화자는 이것을 이미 최고의 선이자 가치 중의 가치로 여긴다.

니체는 위대한 종교가 말하는 구원에 대해 존경을 표하면서도 "삶에 지쳐 피로한 자들이 그런 깊은 잠"에 대해 진지한 평가를 내리는 것은 곤란하다고 비판한다. 우울한 사람에게 숙면은 해법이 아니다. 삶의 힘을 더 뺀다고 우울증이 사라지는 것도 아니다.

> 깊은 잠 속에서 영혼은 자신의 몸에서 벗어나 최고의 빛 속으로 들어가 이를 통해 본래의 모습으로 나타난다. 그곳에서 영혼은 이리저리 거니는 최고의 정신 자체이며, 이 최고의 정신은 여성이든, 마차든, 친구든 이들과 농담하며 함께 놀며 즐거워한다.

니체는 진정 깊은 잠이란 이미 브라만(인도 카스트 제도의 가장 높은 지위인 승려 계급)으로 몰입해 가는 것이며, 신과의 신비적 합일을 성취하는 것이라고 말한다. 완전한 수면에서, 휴식의 상태에서 존재자와 하나 되어 자기 자신 속으로 몰입해 간다.

니체는 고통에서 벗어나는 방법을 자신 안에서 찾는다. 종교와 같이 바깥의 힘으로 자신의 고통에서 해방되는 일은 어렵기 때문이다.

CHAPTER

4

인정받는 사람이 되고 싶다면

(욕심과 허영)

타인에게 비친 나의 모습은 진실일까

Schopenhauer

사람은 혼자서는 살아갈 수 없다. 누구나 타인을 필요로 하고, 나 역시 누군가에게 필요한 존재다. 그런 관계 속에서 잘 살아가려면 신뢰와 신용이 필요하며 나에 대한 타인의 견해는 간접적이라 해도 높은 가치를 지닌다. 특히 인생의 자산 가운데 매우 중요하게 여겨지는 명예와 명성은 타인의 견해에 의해서만 성립된다. 다만 '명예'와 '명성'에는 엄연한 차이가 있다. 누구나 명예, 즉 좋은 평판을 얻으려 노력한다. 국가에 봉사하는 공무원이 되어 지위를 얻는 것도 그 방법 가운데 하나다. 그러나 그들 중 명성을 얻는 사람은 극소수에 불과하다.

명성을 얻는 기준

우리 사회에서 명예는 대단히 귀중한 자산이지만, 명성은 인간이 얻을 수 있는 가장 값진 것 중 하나다. 명성은 선택된 사람만이 받을 수 있는 최고의 선물이다. 돈이 많다고 해서 반드시 명예와 명성이 뒤따르는 것은 아니지만 돈과 명성의 관계는 밀접해서 타인에게 호평을 많이 받으면 자연히 재산이 늘어난다. 그렇다고 인생에서 높은 지위만을 욕망하는 것은 어리석다.

명예는 공직에 있다면 누구나 갖게 되는 보편적인 평판이다. 그러니 예외적으로 특출한 사람이라는 뜻이 아니다. 그러나 명성은 예외적인 인물임을 보여준다. 모든 정치인이 명예는 있어도 명성을 갖기 어려운 것 또한 그런 이유에서다. 명예는 '능동적인 성격'을 띤다. 명예는 행위자의 말과 행동에서 생겨나는 것이지 타인의 행동이나 그가 당하는 일과는 무관하기 때문이다.

명예에 가해지는 외부의 공격에는 반박할 수 있으며, 근거 없는 비방으로 명예 자체가 훼손되진 않는다. 타인의 견해에 의존하는 명예가 있다면 그것은 간접적일 뿐 직접적인 가치가 없기 때문에 무시하면 더 이상 의미가 없다.

그러나 타인의 비난으로 자신의 명예에 손상이 갔다고 느낀다면 대개 명예를 되찾고자 할 것이다. 하지만 자신이 진정으로 비난받을 이유가 없다고 느끼는 사람은 타인의 비난을 의연히 무시할 것이며 그래야 마땅하다. 그러므로 자신에게 가해지지도 않은 상처를 너무 예민하게 받아들이고 피로써 보복해 명예의 원칙을 지키려는 것은 어리석다. 명예 회복을 하려는 이유는 자신의 가치를 신뢰하지 못하기 때문이다. 제일 좋은 방법은 침묵이다.

명성이란 어떤 사람을 다른 사람과 비교함으로써 생겨나기 때문에 절대적 가치가 아닌 상대적 가치를 지닌다. 만약 모든 사람이 똑같다면 비교할 가치가 없으니 명성은 사라지고 만다. 그러므로 명성이 아니라 명성을 얻게 해주는 인간 자체의 가치가 값진 것이다. 따라서 '위대한 가슴과 위대한 두뇌'는 행복을 이루는 데 장점이 된다. 명성은 사물의 실체가 아니라 사물에 반사되는 빛과 같다. 쇼펜하우어는 "빛이 물체에 반사되지 않으면 아무 것도 보이지 않는 것처럼, 모든 탁월함도 명성에 의해 비로소 그 자체에 대해 진정으로 확신을 갖는다"고 말한다.

명성이란 외부로부터의 징후이며, 그것을 통해 자신이 높은 평가를 받았음을 확인한다. 하지만 명성은 '사물의 우연한 성질'에 불과하며 사물의 반사광이다. 빛나는 것이 모두 값진 것은 아니듯, 공적이 뛰어나다고 해서 반드시 명성이 뒤따르는 것도 아니다. 명성이 없는 공적도 많기 때문에 명성이 행복의 객관적인 지표도 아니다. 극소수의 사람만이 자신의 공적에 맞는 명성을 누린다.

만약 타인의 눈에 어떻게 비치느냐에 따라 사람의 가치가 결정된다면 어떨까? 그게 사실이라면 우리의 인생은 비참할 수밖에 없다. 모든 사람은 독자적으로 살아간다. 남들이 보기에 별 가치가 없는 삶일지라도 모두 자신만의 삶을 살아간다. 그러나 "다른 사람의 두뇌에 비친 그 사람의 모습은 부차적이고 파생적이고 우연에 내맡겨진 것이라서 참된 본질과는 간접적으로만 관계를 맺을 뿐"이다. 많은 경우 명성은 말뿐인 거짓 존경에 불과하다.

인간이 명성과 명예를 좋아하는 이유는 우리의 마음속에 허영심과 자존감이 있기 때문이다. 대부분의 사람들은 이런 자존감과 허영을 지나치게 많이 가지고 있지만 이를 숨기고 있을 뿐이다. 어쩌면 명성을 얻을 만한 사람이라고 여겨지는 이들이 그런 것을 더 많이 가지고 있을지도 모른다. 그렇기에 그들은 자신들의 뛰어난 가치를 검증할 기회가 와서 그것을 인정받기 전까지는 대체로 그런 가치를 확신하지 못하고 오랫동안 가슴 졸이며 지낸다. 그러면서 자신이 부당한 대우를 받고 있다는 느낌을 갖는다. 자신이 노력한 것에 비해 제대로 인정받지 못한다는 사실에 분노하기도 한다.

광기의 허영심

홉스Thomas Hobbes는 "모든 큰 기쁨과 모든 명랑함은 타인과 비교해 자신을 높이 평가하는 데서 비롯된다"고 말한다. 누구나 자신에 대한 타인의 평가에 지나친 가치를 두며, 자신도 언젠가 가장 큰 가치인 명성을 얻으리라는 단순한 희망으로 희생을 감수하기도 한다. 그러나 타인으로부터 더 많은 존경을 받는 것이 궁극의 목표라면 안타깝게도 그것은 인간이 얼마나 어리석은지를 보여주는 증거다.

인간이 수만 가지의 위험과 온갖 고초를 무릅쓰며 평생 쉼 없이 노력하고 애쓰는 목적은 대부분 타인의 견해로 자신의 입지를 높이기 위해서다. 다시 말해 관직이나 칭호, 공훈은 물론 부와 학문, 예술조차 주로 그런 목적을 위해 추구된다. 우리는 나를 바라보는 타인의 평가의 노예가 되어 불안에 사로잡히거나 사후의 명성을 위해 평안, 부, 건강, 심지어 자신의 목숨마저 희생하기도 한다. 명예와 명성에 대한 이런 집착은 사람들을 다스리거나 조종해야 하는 사람에게는 아주 좋은 구실이다.

나의 행복을 위해서 타인의 견해에 지나친 가치를 부여하는 것은 결코 바람직하지 않다. 그럼에도 대부분의 사람들이 나에 대한 타인의 견해를 중요하게 여겨 자신의 의식보다 타인의 생각에 더 초점을 맞추며 살아간다. 부차적인 타인의 견해를 자기 존재의 실질적인 한 부분으로 착각하는 것이다. 나 자신의 본질 자체보다 타인의 머릿속에 있는 본질의 영상에 더 관심을 쏟는 것은 마땅하지 않다. 이렇게 직접적으로 존재하지 않는 것을 존재하는 것으로 평가하는 '어리석음'을 '허영'이라고 부른다. 이런 허영은 탐욕과 마찬가지로 수단 때문에 목적을 망각하는 것이다.

타인의 견해를 중요시해 끊임없이 그것에 신경 쓰는 것은 비합리적이다. 그런 노력이 무의미하고 실속 없다는 것을 오랜 경험을 통해 알 수 있다. 쇼펜하우어는 "허영심은 부나 지위, 세력이나 권력으로 타인을 능가해 존경받으려는 마음이거나, 같은 속물 가운데 걸출한 사람과 교제해 그의 후광을 즐기려는 마음"이라고 말한다.

> 타인의 태도에 대한 이런 관심은 일반적으로 널리 퍼진 광기 또는 선천적인 광기의 일종으로 볼 수 있다. 우리는 행동을 할 때 무엇보다 다른 사람과 다른 사람의 견해에 늘 신경을 쓴다. 되짚어 보면 우리가 지금까지 염려하고 불안을 느낀 것의 절반은 남이 나를 어떻게 생각할까를 염두에 두었기 때문이다. 걸핏하면 상처받고 병적으로 민감한 모든 자존심의 밑바닥에는, 또한 뽐내고 뻐기는 태도뿐만 아니라 모든 허영과 허세의 밑바닥에도 그런 걱정이 자리잡고 있다. 이런 우

려와 병적 집착이 없다면 사치가 지금의 10분의 1로 줄어들 지도 모른다.

남에게 잘 보이려는 허영심보다 중요한 것은 나 자신이다. '기사도의 명예'의 원칙은 신체적인 폭력을 이용해서라도 외부의 존경과 관심을 받으려는 점에서 매우 어리석다. '명예가 목숨보다 더 중요하다'는 말은 우리 자신의 생존보다 타인의 견해가 중요하다고 강요하는 일종의 광기다. '출세를 위해서는 명예가 꼭 필요하다'는 표현 또한 마찬가지다. 결국 명예 자체보다는 명예가 주는 이점, 즉 물질적 부를 원한다는 점에서 과장된 표현에 불과하다. 출세를 통해 얻으려는 높은 지위는 엄밀히 말하자면 허구적인 가치다. 타인의 평판으로 이루어진 명예, 명성, 지위는 우리를 불행하게 만드는 망상이자 광기다.

사실 오늘날 명예를 위해 자신의 목숨을 바치는 일은 드물다. 그럼에도 간혹 명예를 잃고 그 절망감에 자살을 선택하는 경우가 있다. 하지만 그 어떤 명예도 내 인생의 목적을 넘어설 만큼의 절대적 가치를 지녔다고는 할 수 없으며, 나의 생명을 희생하면서까지 지켜야 할 가치 또한 없다. 이런 헛된 인식에서 벗어날 때 우리의 마음은 안정을 찾고 명랑해질 것이다. 타인의 시선에서 자유로워지면 오롯이 나와 지금 내가 가지고 있는 것에 더 집중하게 되고, 확고한 자신감이 생기면서 행동도 자연스러워진다.

보이지 않는 무언가를 좇는 당신에게

Nietzsche

니체는 허영심이 영혼의 피부라고 말한다. 겉만 번지르르한 허영심이 인간의 모습을 가리고 있기 때문이다. 그는 "허영심이 없다면 인간의 정신은 얼마나 초라하겠는가! 인간의 정신은 물건으로 가득 차 있고 늘 새롭게 채워지며 모든 부류의 고객들을 끌어들이는 백화점과 같다"고 말한다. 화폐(경탄)를 가지고 있는 이상 이곳에서 모든 것을 찾고, 소유할 수 있기 때문이다. 인간은 누구나 자신이 뛰어난 사람이기를 원하며, 유명해지고 싶은 욕심이 있다. 자신의 탁월한 능력을 발휘한 뒤 그에 대한 동의와 확증을 타인에게 요구한다.

인정받기의 양면성

사람들이 명예를 얻고자 함은 곧 자신의 능력을 탁월하게 만들고, 공적으로도 그렇게 보이기를 바란다는 의미이다. 탁월한 능력이 결여되어 있음에도 불구하고 타인에게 뛰어난 사람처럼 보이기를 갈망하면 그것을 허영심이라고 부른다. 반면 타인의 인정이 결여되어 있음에도 불구하고 그것을 구하지 않으면 그것을 자만심이라고 부른다.

사실 인간의 이런 인정받으려는 욕구는 자연스럽다. 니체에 따르면 타인의 좋은 평가가 중요한 이유는 서로에게 긍정적인 영향을 주기 때문이다. 타인으로부터 좋은 평가를 받으면 그것 자체로 나에게 좋은 영향을 미치게 되고, 나 또한 그들에게 즐거움을 주고 싶어진다. 부모와 자식, 선생과 학생 사이가 그렇듯 서로 호의적인 사람들은 서로에게 좋은 평가를 하게 된다. 그러나 이득이나 즐거움을 주려는 마음 없이 사람들의 좋은 평가만을 중요시하는 것은 허영심이다. 이웃의 희생을 통해 자신의 기쁨을 얻으려는 것이다. 허영심은 자기만족에 불과하다. 니체는 허영심에 대해 이렇게 말한다.

> 허영심에 가득 차 있는 사람은 탁월해지기를 원하는 것이 아니라 스스로 탁월하다고 느끼기를 원한다. 따라서 그는 자기 기만과 자기 계략의 수단을 거부하지 못한다. 그에게 중요한 것은 다른 사람의 의견이 아니라 다른 사람의 의견에 대한 자신의 생각이다.

허영심이 큰 사람은 타인의 권위에 의존하는 습관에 빠질 수 있다. 허영심은 나 자신에 대한 관심, 스스로 만족하고 싶어 하는 욕구다. 허영심이 강한 사람은 다른 사람이 나에 대해 좋은 평가를 내리도록 현혹해야 하기 때문에 결국 상대방의 권위에 의존하는 상황이 생겨난다. 허영심이 많은 사람은 자기 자신보다 오히려 다른 사람의 마음에 들기를 원하다 보니 자신의 장점조차도 제대로 알지 못하는 경우가 많다. 따라서 타인의 잘못된 판단을 맹목적으로 믿게 된다.

뿐만 아니라 자신의 즐거움과 만족을 위해 사람들이 질투심을 느껴 적대적으로 해를 끼칠 수 있다는 점도 받아들인다. 체벌과 보상, 비난과 칭찬은 허영심에 가장 민감하게 영향을 미친다. 가령 체벌과 보상을 통해 특정 행위를 하게 하는 가장 강한 동기가 만들어진다. 이런 동기부여를 고려할 때 인간의 이익을 위해 허영심은 필요하다.

허영심은 일종의 자기애다. 허영심은 은폐와 정직을 통해 이득을 얻고자 한다. 그래서 허영심이 강한 사람끼리 만나면 이 두 사람은 서로에 대해 나쁜 인상을 안은 채 실망한다. 각자 상대방에게 보여주고 싶은 인상에만 몰두했기 때문에 결과적으로 서로에게 아무 인상도 주지 못하는 꼴이 된다. 자신의 노력이 빗나갔다는 것을 알게 된 두 사람은 상대방에게 그 책임을 전가한다.

여성들은 뛰어난 남성을 사랑하면 소유하고 싶어 한다. 그녀의 허영심은 그 남성이 남들 앞에서도 뛰어나 보이기를 원한다. 여성들의 허영심은 남성이 '행복한 남편' 그 이상이기를 요구한다. 결혼은 곧 허영심의 결과다. 허영심은 상대방이 자신을 더 사랑하게 만드는 데에 있다. "두 사람의 허영심은 사랑을 받아야 하는 쪽이 바로 자신이라고 확신하게 만들어 두 사람 모두 자신을 사랑하게 하려는 경우"가 종종 일어난다. 그 결과 결혼생활의 반은 우스꽝스럽고, 나머지 반은 황당무계한 장면들이 연출된다.

또한 건강할 때보다 병에 걸려 몸이 약해지면 평판과 칭찬에 민감해지고 허영심에 대한 욕구가 커진다. 병으로 인해 자신을 잃어가는 정도만큼 다른 사람의 의견에서, 즉 외부에서 자신을 되찾으려 하기 때문이다. 허영심은 자신에 대한 믿음이 약하기 때문에 다른 사람들에게 잔돈으로 믿음을 구걸하던 습관이 남아 있는 것이다.

인간이 우주의 중심이라는 착각

최선을 다해 일을 하면 그에 따른 허영심과 명예욕이 생겨난다. 젊은 사람보다 나이 든 사람들이 명예에 더 집착한다. 니체는 가장 상처받기 쉬우면서도 가장 이겨내기 어려운 것이 인간의 허영심이라고 말한다. 상처와 함께 자라난 허영심은 그 힘이 엄청나게 세진다. 약한 자들은 자신의 허영심을 명예욕으로 위장함으로써 강하다는 인상을 남기려 한다. 특히 친구와 적에게 자신의 허영심을 과시하는 경우가 많다.

자신의 우월함을 과시하고 싶을 때 어떤 사람은 허영심으로 인해 친구를 괴롭히기도 한다. 또 다른 사람은 자신이 그럴 만한 가치가 있다는 것을 자랑하기 위해 심지어 적의 가치를 과장하기도 한다. 싸워 이겨야 할 상대에게 패했는데도 너무도 훌륭한 적과 싸웠기에 질 수밖에 없었다며 자부심을 갖는다. 싸움에서 승리할 가망이 없거나 패배가 분명한 사람들일수록 자신들의 방법에 사람들이 감탄하기를 바란다. 허영심은 떼어 놓을 수 없는 인간의 본성이자 그림자다.

자신의 행위에 대해 칭찬받고 동의를 얻으려는 데에서 허영심이 나오며, 그것은 나중에 도덕적인 행위로 바뀐다. 작은 허영심의 만족은 누구나 원한다. 성직자도 동시대인의 박수갈채에 초연한 사람도 작은 허영심의 만족을 포기하지 않는다. 근본적으로 허영심은 자기 보존을 위한 최강의 수단이다. 그러나 그 허영심은 개인이 영리해질수록 더 커질 것이다. 힘에 대한 신뢰를 증대시키는 것이 힘 자체를 증대시키는 것보다 훨씬 쉽기 때문이다.

힘 있는 자는 모든 수단을 사용해 자신의 힘에 대한 신뢰를 키우려 한다. 그 앞에서 두려움에 굴복당한 자들도, 힘 있는

> 자에게 인정받는 만큼 자신이 가치 있다는 사실을 알고 있다. 그들은 자신의 만족 자체를 위해 일하는 것이 아니라 인정받기 위해 일하는 것이다. 우리가 알고 있는 허영심은 가장 쇠약한 형태의 소량으로 만들어진 허영심일 뿐이다.

니체는 철학자와 신학자에 의해 인간이 스스로 우주의 중심이라는 허영심을 갖게 되었다고 비판한다. 우리는 인간의 지위에 대해 달리 생각하는 법을 배워야 한다. 우리가 철학자와 신학자가 가졌던 허영심과 오만 대신에 겸손함을 가져야 하는 이유는 인간이 다른 동물과 유사하며 '정신'은 교활함의 결과일 뿐, 진화나 창조의 궁극적인 끝이 아니기 때문이다. 우리는 인간을 더 이상 '정신'과 '신성'으로 소급시키지 않는다. 따라서 인간은 불멸의 영혼으로서 서로 동등할 뿐만 아니라 개별자의 구원이 영원 속에서 이루어진다는 주장에서 그리스도교는 개인의 허영심에 아첨한다.

온갖 실패자, 찌꺼기와 쓰레기를 설득한 영원한 구원은 '세계는 나를 중심으로 돈다'는 이기주의의 논리다. 세계의 희극배우인 인간은 자신을 세계 존재 전체의 목적으로 여긴다. 허영심 많은 피조물의 정신적 상상력을 발휘해 “우리 인간은 적어도 이 허영심에 있어서만은 비교할 수 없고 경탄할 만한 존재가 되고 싶어 하기 때문이다. 세계에서 우리가 유일한 존재라고!” 말한다. 그것은 마치 숲속의 개미들이 자신들이 곧 숲이 존재하는 목적과 의도라고 상상하는 것과 같다.

2부

어떻게 대해야 할까

CHAPTER

5

당신이 밉다

(증오와 원한)

자격지심의 철학적 고찰

Schopenhauer

쇼펜하우어는 "증오는 가슴에서 나오고 경멸은 머리에서 나온다"고 말한다. 따라서 증오는 인간의 의식으로 쉽게 통제할 수 없다. '사랑하지도 미워하지도 말라'는 말에는 모든 처세술의 절반이 담겨 있고, '아무것도 말하지 말고 아무것도 믿지 말라'는 말에는 나머지 절반이 담겨 있다. 쇼펜하우어는 "분노나 미움을 말이나 표정으로 드러내는 것은 무익하고 위험하며, 현명치 못하고 어리석을 뿐만 아니라 천박하다. 분노나 미움은 말이나 표정으로 나타내지 않을수록 더 완벽하게 행위로 보여줄 수 있다. 냉혈 동물에만 독이 있다"고 말한다.

서로에게 무관심해져라

타인에 대한 증오는 질투의 감정에서 나온다. 질투는 인간의 자연스러운 감정이다. 그럼에도 질투란 악덕인 동시에 불행이다. 세네카Lucius Annaeus Seneca는 『분노에 대하여』에서 질투에 대해 이렇게 말한다. "자신의 것을 남의 것과 비교하지 말고 즐겨라. 다른 사람이 행복하다고 괴로워하는 자는 결코 행복하지 못할 것이다." 질투심을 줄이는 방법은 남과 비교하지 않는 것이다. 세네카는 『서간집』에서 이렇게 말한다.

> 많은 사람이 너보다 앞서 있다고 생각하지 말고 많은 사람이 너보다 뒤처져 있다고 상상하라. 그러므로 우리보다 형편이 좋아 보이는 사람보다 우리보다 형편이 나쁜 사람을 자주 살펴보는 것이 낫다. 실제로 재앙이 닥쳤을 경우 가장 효과적인 위안은, 비록 그 위안이 질투와 같은 원천에서 비롯된 것이라도 우리의 고통보다 더 큰 고통을 바라보는 일이다. 그런 다음 우리와 같은 고통을 겪고 있는 사람들, 즉 불행의 동료들과 어울리는 일이다.

질투는 자신의 불행을 드러내며, 타인에 대한 지나친 관심은 자신의 무료함이 반영된 것이다. 속물은 정신적 욕구 대신 신체적 욕구를 충족시키기 위해 탐욕스러워진다. 시기심이 많으며 사악한 성격을 지닌 사람은 아무리 부유해도 만족하지 못한다. 남이 가진 좋은 옷, 집, 보석 등을 보면 나도 갖고 싶어진다. 그러나 정신적인 능력을 통해 즐거움을 찾는 사람은 그런 바깥의 것을 원하지 않는다.

속물은 정신적 능력에 대해 혐오감과 심지어 증오감을 느낀다. 불쾌한 열등감, 막연하고 은밀한 질투를 느끼지만 그 마음을 은폐한다. 질투심이 커지면 남을 원망하기도 한다. 그런 세속적인 기준으로 남을 평가하면 존경의 마음은 삭제된 채 지위와 부, 권력과 영향력만 부러워하게 된다. 정신적인 것보다 외적인 면에서 남보다 뛰어나고 싶은 것이다. 이런 심리가 바로 남의 장점을 깎아내리는 이유다.

쇼펜하우어는 온갖 걱정과 근심, 안달과 성화, 불안과 긴장은 대부분 타인의 견해와 관계 있으며 매우 불합리한 생각인데, 이와 마찬가지로 질투와 미움도 대부분 같은 근원에서 생긴다고 말한다. 서로에게 무관심해져라. 그러면 시기심과 적의가 사라질 것이다. 사실 미움보다 질투를 누그러뜨리기가 더 어렵다. 따라서 우리는 질투를 불러일으키지 않도록 노력해야 한다. 아무리 즐거운 일이라도 그것이 질투라는 위험한 결과를 가져올 수 있다면 피하는 것이 좋다.

허영심과 질투

세상에는 출생과 지위에 의한 귀족, 돈에 의한 귀족, 그리고 정신적 귀족이 있으며, 이 중 정신적 귀족이 가장 고귀하다. 쇼펜하우어는 뛰어난 정신의 소유자는 '군주와 같은 등급'이며, "세 가지 귀족 중 한 가지에 속하는 귀족은 다른 두 가지에 속하는 사람과 대체로 질투 없이 사이좋게 지낸다. 각자 자신의 장점을 다른 사람의 장점과 균형을 맞추기 때문"이라고 말한다.

그러나 아무것도 갖지 못한 사람들은 질투심을 느낀다. "이 세 종류의 귀족은 모두 그들을 질투하는 무리에 둘러싸여 있다. 그들은 귀족에 속하는 사람에게 은밀한 적개심을 갖고 있으며, 두려워할 필요가 없는 상대라고 생각되면 다양한 방식으로 '너 역시 우리보다 나을 게 없다'는 사실을 보여준다." 이런 질투심은 상대방의 우월함을 확신하고 있다는 것을 여실히 보여준다. 그러니 질투를 받는 사람은 그 행복을 즐기면 된다. 그리고 질투를 받는 사람은 무리에 속한 사람들과 적당히 거리를 두는 것이 좋다. 이런 방법이 잘 통하지 않는다면 그땐 '냉정하게 견뎌'야 한다.

인간에게 일상적인 허영의 충족은 무엇과도 바꿀 수 없는 즐거움이다. 따라서 다른 사람의 질투심을 불러일으키는 일을 하는 것은 어리석다. 가령 "지력이나 분별력을 드러내는 일은 모든 다른 사람의 무능력과 우둔함을 비난"하는 것과 같다. "천박한 본성을 지닌 사람은 자신과 반대되는 인물을 보면 정신적 혼란"에 빠지기 십상이다. 인간은 그 어떤 것보다도 정신적 장점을 자랑스럽게 여긴다. 인간이 동물보다 우월한 이유는 바로 그런 정신적 장점이 있기 때문이며, 이는 곧 인간과 동물을 구분 짓는 능력이다.

그러나 "자신의 정신적 우월함을 남이 보는 앞에서 드러내는 것은 대담무쌍한 행위"다. 질투심을 유발할 뿐만 아니라, 그런 일을 당한 사람이 모욕감을 느껴 복수를 마음먹기 때문이다. 인간은 자신의 충족감을 남과 비교함으로써 행복감을 느낀다. 그리고 이런 비교에서 바로 질투가 생긴다. 나는 고통스러운데 다른 사람이 즐거운 걸 보면 나의 결핍에 따른 고통이 더 커지지만, 다른 사람도 결핍에 시달린다고 느끼면 질투는 완화된다. 모든 사람이 고통을 겪는다고 생각하면 나만 억울할 일이 없기 때문이다. 많은 천재지변과 대형 사고를 겪으면 우리의 질투심은 누그러진다.

공적이 뛰어난 사람에게는 명성이 따를 수밖에 없다. 그러나 많은 사람들이 질투심으로 인해 뛰어난 것에 대해 침묵하고 무시하며 자신의 열등감을 감춘다. 질투는 뛰어난 것에 대한 칭찬을 금지시킨다. 음흉한 사람들이 다른 사람의 공적은 감추고 열등한 것을 두둔하는 것은 질투심 때문이다. 그들은 뛰어난 재능과 작품에 경탄하지 않고 형편없는 것만을 좋다고 여긴다. 쇼펜하우어는 질투에 대해 이렇게 말한다.

> 인간의 이런 지적 무능에 대해 괴테가 말한 것처럼, 뛰어난 것을 알아보는 것도 드문 일이지만 그것을 인정하고 평가하는 일은 더욱 드물다. 다른 모든 경우에도 그렇지만 이런 경

우에는 지적 무능에 도덕적 열등함까지 곁들여져 질투로 나타난다. 어떤 사람이 명성을 얻으면 그자는 남들보다 한층 돋보인다. 그러므로 다른 사람들은 그자보다 가치가 훨씬 떨어진다. 탁월한 공적을 쌓은 사람은 모두 공적이 없는 사람들을 희생한 대가로 명성을 얻는 것이다.

명예는 질투의 대상이 아니지만 명성은 질투의 대상이다. 명예에는 대체로 공정한 심판자가 있어서 어떤 질투에도 그것이 손상되지는 않는다. 반면 명성은 질투 같은 것은 개의치 않고 쟁취해야 한다.

월계관을 씌워 주는 곳은 대단히 비호의적인 심판관으로 구성된 법정이다. 명예는 우리가 모두와 함께할 수 있고 나누려고 하지만, 명성은 그것을 얻는 사람이 생겨날수록 입지가 좁아져 유지하기 어려워진다. 나아가 작품으로 명성을 얻는 어려움은 그런 작품을 읽는 독자의 수와 반비례한다. 왜냐하면 오락을 약속하는 작품보다 교훈을 주는 작품으로 명성을 얻기가 훨씬 어렵기 때문이다.

욕망과 소망을 만족시키려 하기보다 고통을 줄이는 편이 더 낫다. 욕망과 소망이 충족되면 우리에게는 이내 다른 고통이 나타난다. 명예와 명성도 마찬가지다. 명예욕이라는 이기심이 충족되면 다시 다른 형태의 고통에 시달린다. 성공 뒤에는 우울과 불안, 공허가 찾아오기 때문에 사람들은 고통을 줄일 방법을 찾게 된다. 우리가 겪는 고뇌보다 더 큰 고통을 생각하면 우리의 고통은 진정되고, 다른 사람의 고뇌를 보면 나의 고뇌는 누그러진다. 다른 사람의 고뇌를 바라봄으로써 자신의 고뇌를 완화시키는 동시에 다른 사람의 고뇌를 자신의 힘이 발현된 것으로 인식한다. 연민과 공감을 느끼는 것이다.

도덕의 기원

Nietzsche

니체는 약자들이 강자에게 느끼는 증오심을 문제 삼는다. '원한'으로 번역되는 '르상티망ressentiment'은 반응으로 생기는 수동적인 감정으로 원한, 증오, 시기, 질투를 포함한다. 출신이 좋은 귀족은 스스로 행복하다고 느끼며 적을 기만할 이유가 없다. 이런 '능동'적인 인간은 행복과 행위가 분리될 수 없다는 것을 보여준다. 모든 행위는 행복을 염두에 두기에 생각과 행동이 일치한다. 그러나 무력하고 억압받는 노예들은 '수동'적인 행복을 느낀다. 그들은 마취, 마비, 안정, 평화, 안식일, 정서적 긴장 완화, 안도를 좋아한다.

귀족도덕과 노예도덕의 차이

고귀한 인간은 자신을 신뢰하며, 열린 마음으로 '고귀한 혈통'에 어울리게 정직하고 순박하다. 그 반대로 증오의 감정을 지닌 노예는 솔직하지도 않고 곁눈질한다. 노예는 영리한 생각을 하면서 겉으로만 굴종하는 척 행동한다. 이런 귀족도덕과 노예도덕의 차이는 독수리와 양을 예로 들면 이해가 쉽다. 독수리는 양을 잡아먹는 포식자이며, 양은 독수리를 두려워한다. 양을 잡아먹는 독수리는 고기 맛이 좋다, 나쁘다로 판단한다gut, schlecht-good, bad. 반면 양은 선(좋음)과 악함gut-böse, good-evil으로 판단한다. 좋음good은 한편으로 나쁨bad의 반대말이자 악함evil의 반대말이다.

독수리는 양을 좋아한다. 양고기가 맛있기 때문이다. 반면 양은 자신을 잡아먹는 독수리가 사악하다고 생각하고, 자신은 그 반대로 선하다고 생각한다. 약자인 양이 생각하는 좋음은 원한에서 비롯되며, 강한 자들이 나타나지 않기를 바라는 공포감에서 비롯된다. 즉, 자신을 죽이는 독수리가 사라지기를 바라는 것이다. 자신의 보복하지 않는 무능력은 선이 되고, 겸허와 순결, 비겁함은 덕이 되며, 인내와 가련함은 신의 선택을 받는다고 생각한다. 자신만이 선하고 정의로운 자가 된다고 굳게 믿는다.

따라서 양들은 복수심에 불타는 간계로 독수리와 같은 악한 존재가 아니라 선한 존재가 되고자 한다. 그러나 실제로는 강한 독수리를 이길 수 없다는 '무력감'과 '복수심'에서 '능욕하지 않는 자', '상처 주지 않는 자', '공격하지 않는 자', '보복하지 않는 자'를 선한 자라고 생각한다. 이렇게 독수리는 악하고 자신은 선하다는 정신 승리를 통해 약자는 강자가 되고자 한다.

귀족도덕은 자신의 긍정에서 출발하지만 노예도덕은 타자의 부정에서 출발한다. 노예도덕은 처음부터 '밖에 있는 것', '다른 것', '자기가 아닌 것'을 부정한다. 그리고 이런 부정이야말로 노예도덕의 창조적 행위다. 귀족은 외부 세계의 대립물을 필요로 하며 자신의 활동을 위해서는 외부의 자극이 필요하다. 따라서 적도 사랑한다. 귀족의 고귀한 방식에서는 자신에 대한 긍정, 감사와 환호를 위해 자신의 대립물을 찾는다. 적은 경쟁자다. 그러나 노예도덕은 타자의 악함에서 자신의 선함을 판단한다는 점에서 그 방향과 순서가 반대다.

원한을 지닌 노예는 적에 대한 사랑이 없고, 적을 악으로 증오하며 자신을 선한 자로 생각한다. 우선 원한으로 적을 악한 사람으로 상정한 다음 그 대립물로서 자신을 선한 인간으로 상정한다. 반면 귀족은 스스로 자신을 두드러지게 하려고 자신의 적을 요구하며, 존경할 만한 적을 필요로 한다.

고귀한 인간은 자기의 좋음에서 나쁨을 만들어 내지만, 노예는 증오에서 타자의 악함[böse]을 만들어 내고 자신을 선한 자[gut]로 규정한다. 나쁨은 귀족적인 기원이 있는 반면, 악함은 증오에서 유래한다. '좋음'의 개념에 대치된 나쁨과 악함은 기원이 다른 것이다. 좋음과 나쁨, 좋음(선)과 악에서 '좋음'은 다른 의미를 지닌다. 다시 말해 나쁨은 이차적이며, 악함은 일차적이다.

여기서 누가 악한 자인지 물음을 제기해야 한다. 왜 강한 지배자가 악한 자로 해석이 뒤바뀌었을까? 좋은 사람, 고귀한 자, 강한 자, 지배자가 본래 악한 사람이라는 가치평가는 변색되고 뒤바뀐 해석이다. 그 원인은 독기 어린 눈으로 보는 원한 도덕이다.

귀족도덕에 대한 오해 혹은 내로남불

노예의 도덕은 원한에서 새로운 가치를 만들 때 시작된다. 그것은 오로지 상상의 복수를 통해 시작된다. 이때 노예적 가치판단은 고귀한 가치판단을 잘못 이해하고 있으며, 무력한 자의 퇴행적 증오와 복수가 자신의 적을 기만하는 일이다. 타자는 악하고 자신은 선하다는 거짓 정당화를 이끌어 낸다. 이런 대담하고 정교하며 명민하고 기만적인 예술가적 조작의 바탕에는 원한과 증오가 자리 잡고 있다.

니체는 "복수와 증오에 차 있는 지하실의 동물들, 그들은 복수와 증오에서 무엇을 만들고 있는가?"라고 묻는다. 그들은 "우리 착한 사람들, 우리야말로 정의로운 자이다"라고 말한다. '보복'이라고 부르지 않고 '정의의 승리'라고 말한다. 삶의 온갖 고통에 건네는 위로는 '미래 축복의 환상'을 갖게 하며 '최후의 심판', '신의 나라의 도래'를 믿음, 사랑, 희망 속에서 인내하며 기다리게 한다.

강자를 악으로 낙인찍음으로써 노예들은 약자인 자신이 선하다는 거짓말을 통해 승리를 꿈꾼다. 신의 나라에서 영원한 생명을 보상받는 것은 신의 사랑이 아니라 자신의 증오를 통해 이루어진다. 원한과 증오의 산물인 천국의 축복이란 무엇인가? 바로 '저주받은 자'들이 벌 받고 불타서 죽은 것을 자신의 축복으로 기쁘게 여기는 것이다. 토마스 아퀴나스Thomas Aquinas는 이렇게 말한다. "천국에서 축복받은 사람들은 저주받은 자들이 벌 받는 것을 보고, 그것으로 인해 자신들의 축복을 더욱 기쁘게 여기리라."

그리스도가 재림하는 날 이뤄지는 '최후의 영원한 심판의 날'에는 많은 민족이 불에 타 죽고 많은 것들이 불에 타 사라진다. 그리스도를 믿는 자는 천국을 영접하고, 그렇지 않은 사람은 흉포한 불길 속에서 타 없어지고 만다. 양들은 천국에서 독수리가 불타 죽는 모습을 즐기는 것을 최고의 기쁨으로 여기며 기대한다.

『요한묵시록』에는 유대인의 복수와 증오가 담겨 있다. 잘난 사람의 장점이나 승리는 약한 자의 증오의 대상이 된다. 건강, 성공, 강함, 자부심, 힘은 언젠가 쓰라린 대가를 치를 사악한 것이라고 판단한다. 실패한 자는 타자의 행복을 수치스럽게 만든다. 복수의 가면무도회에서 가장 세련되고 가장 섬세한 복수의 승리를 꿈꾼다. "행복한 자들은 언젠가 자신들의 행복을 수치스럽게 여기기 시작"한다. 그들은 서로에게 이렇게 이야기할 것이다. "행복한 것은 부끄러운 일이다! 너무나 많은 불행이 있다!" 그러나 행복, 탁월함, 몸과 정신이 강한 자들이 자기 행복의 권리에 대해 의심하는 것은 오해일 뿐이다.

그리스도교의 사제도 이런 노예도덕의 확산에 기여했다. 기사의 귀족적 가치판단이 전제하는 것은 '강한 몸, 생명력과 건강, 전쟁, 모험, 사냥, 춤, 결투 놀이와 강하고 자유로우며 쾌활한 행동'을 포함한다. 그러나 전사와 전쟁을 치를 수 없는 성직자는 정신적인 보복으로 그들을 이기려 하는 것이다. 무력감에 증오하며 독을 품는다. 성직자의 가치평가는 전사의 귀족적 가치평가를 지배하게 된 것일까?

그들은 귀족적 가치 등식(좋은=고귀한=강력한=아름다운=행복한=신의 사랑을 받는)을 역전시키고자 감행했으며, 가장 깊은 증오(무력감의 증오)의 이빨을 갈며 이를 고집했다. 즉, 가난한 자, 무력한 자, 비천한 자만이 오직 착한 자다. 오직 그들에게만 축복이 있다. 결국 독살을 통해 귀족들의 덕은 사라졌고, 그리스도교를 통해 원한의 독이 서서히 퍼져나가 인류는 병들고 죽게 된다. 그러나 자신보다 더 강하고 잘난 적을 '악'이라고 낙인찍음으로써 자신이 선한 존재가 된다는 양의 해석학은 순전히 '상상'일 뿐이다.

오늘날 누구나 성공과 출세, 부자를 꿈꾸지만 실제로는 이루지 못하는 것들이 더 많다. 타인의 성공과 출세와 부를 보며 시기하고 질투하고, 나아가 그 모든 것을 부정적인 것으로 낙인찍는다. 내가 부자면 좋고 남이 부자면 나쁘다는 이런 인식은 '내로남불(내가 하면 로맨스, 남이 하면 불륜)'의 전형이다. 니체의 르상티망에 대한 분석은 한마디로 '내로남불'과 같은 나쁜 심보다.

재앙이 닥쳤을 경우 가장 효과적인 위안은, 비록 그 위안이 질투와 같은 원천에서 비롯된 것이라도 우리의 고통보다 더 큰 고통을 바라보는 일이다.

CHAPTER
6

내가 틀렸을까
(진실과 주장)

토론술은 정신의 검술이다

Schopenhauer

논리학이 이성의 법칙에 따른 판단이라면, 토론술은 동일한 대상을 두고 두 사람의 의견이 일치하지 않을 때 자신의 주장을 관철시키기 위한 수단이다. "똑같은 대상에 대한 B의 생각이 자신의 것과 다르다는 것을 알아내는 순간 A는 자신의 견해를 수정하지 않고 상대방의 사고에 잘못이 있다고 전제하는 것이 인간의 본성"이기 때문이다. 항상 자신의 생각이 옳다고 고집하는 것은 인간의 본성이다. 쇼펜하우어는 이렇게 정당하지 않은 방법을 동원해서라도 자신의 주장이 옳다는 것을 증명하는 기술을 '논쟁적 토론술eristische dialektik'이라고 말한다.

토론술의 쓸모

인간의 생각은 각자의 인격과 개성에 따라 모두 다르다. 따라서 논쟁에 쓰는 기술은 정당성과 무관하게 자신의 주장이 옳다고 증명하는 데 그 목적이 있다. 자신의 정당성을 주장하는 기술은 객관적 진리를 목표로 하지 않는다. 상대방이 나의 주장을 납득하면 그만이다. 논리학에서 이성이 중요하다면, 토론술에서는 감정과 욕망이 중요하다.

이런 일이 일어나는 이유는 '인간 종족의 천성적인 사악함' 때문이다. 만약 인간의 본성이 정직하다면 누구나 진실에 동의하며 상대방의 의견에 귀를 기울일 것이다. 그러나 인간의 타고난 허영심은 내가 내세운 명제가 거짓으로 판명되고 상대방의 주장이 옳다고 증명되는 것을 절대 허용하지 않는다. 수다와 부정직함에 빠져 자신의 주장이 틀렸다는 것을 나중에 알게 되더라도 쉽게 수긍하지 않는다. 즉, 참된 것은 거짓으로, 거짓된 것은 참된 것으로 보여야 하는 것이다. 이것이 인간의 고집이다.

상대방의 주장이 아무리 진실해 보여도 나의 주장을 쉽게 포기하지 않는 이유는 나중에라도 상대방의 논거를 무너뜨릴 근거가 떠오를 것이라는 믿음 때문이다. 인간이 논쟁에서 수단과 방법을 가리지 않고 자신의 주장을 고집하는 이유는 "각자 타고난 교활함과 비열함" 때문이다.

마키아벨리Niccolò Machiavelli는 『군주론』에서 이웃이 약점을 보이면 그것을 공격하라고 주문한다. 그렇지 않으면 그 이웃이 나를 상대로 반격할 수 있기 때문이다. 타인을 상대로 신의와 정직을 가져선 안 된다.

논쟁에서도 마찬가지다. 상대방의 주장이 맞는 것처럼 보이는 순간 내가 상대방에게 항복을 선언한다고 해서 상대방이 나와 같은 상황이 되었을 때 나와 똑같이 행동하지는 않을 것이다. 누구나 정당하든 아니든 온갖 수단을 동원해 각자의 토론술로 싸우게 된다.

논쟁에서 승리하는 경우는 올바른 판단보다 교활함과 민첩성이 더 중요하게 작용할 때가 많다. 토론술은 '자신의 정당성을 주장하는 기술'이다. 이런 토론술은 자신의 고집을 내세우는 사람의 부정직한 공격으로부터 자신을 지킬 뿐만 아니라 상대방의 주장을 공격할 수 있는 기술을 알려준다.

토론술은 우리의 주장이 옳은 경우뿐만 아니라 명제의 진리와는 별개로 '거짓된 명제들을 방어'하는 데도 사용된다. 따라서 상대방이 자신의 고집을 펼 때 사용하는 부정직한 요령을 잘 알고 있어야 한다. 그래야만 상대방의 꼼수에 속지 않고 이길 수 있다.

토론술은 자신의 주장을 방어하고 상대방의 주장을 무너뜨리는 것을 주된 목표로 해야 한다. 이를 위한 규칙에 객관적 진리를 고려할 필요는 없다. 논쟁에서 진리는 잠정적이기 때문이다. 끝까지 누구의 말이 진실인지 알 수 없다.

따라서 토론술은 누구의 주장이 진리인가를 따지기보다 누가 싸움에서 이기느냐의 문제다. 쇼펜하우어는 "토론술은 정신으로 하는 검술"이라고 말한다. 논쟁에서는 공격과 수비를 위해 검술을 익힐 필요가 있다. 논쟁적 토론술의 요령은 인간이 자연스럽게 터득한 법칙이다. 토론술의 목적은 자신의 주장이 옳다는 것을 보여주는 것이므로 '부정직한 요령'이 대부분이다. 그렇더라도 그 요령을 알아둘 필요는 있다. 그래야만 실제 논쟁에서 타인이 그런 꼼수를 쓸 때 쉽게 알아차리고 대응할 수 있다.

토론을 주도하는 법

토론술은 "보편적 진리 자체가 아니라 명백히 논쟁에서 끝까지 자기주장을 견지하는 법을 최종목적"으로 삼는다. 인간의 허영심은 대결에서의 패배를 인정하지 않는다. 상대방의 주장이 진실이든 거짓이든 관계없이 잔꾀를 사용해서라도 이기면 그만이다. 인간은 본성상 남에게 지는 것을 싫어하기 때문에 자기의 잘못을 인정하기를 거부한다. 남의 고집을 꺾는 방법으로 다음과 같은 꼼수가 있다.

1. 확대 해석하라. 상대방의 주장을 한계 넘어까지 끌고 가 가능한 한 그 주장을 보편적으로 해석할 수 있게 과장해 버린다. 반면에 나의 주장은 협소한 한계 내로 축소해 가능한 한 의미를 제한한다. 하나의 주장이 보편적이면 보편적일수록 그만큼 더 많이 공격에 노출되기 때문이다. 반박하는 말싸움에서 상대방을 자극해 상대방이 자신의 주장을 과장하게 만든다.

2. 질문을 많이 하라. 느닷없이 그리고 광범위하게 질문하며

논증을 빠르게 진행하라. 그러면 이해가 느린 사람들은 말의 맥락을 따라오지 못해 증명의 오류나 허점을 파악하지 못한다. 또한 무의미한 말들을 '폭포수'처럼 쏟아냄으로써 상대방을 정신없게 하는 방법도 좋다. 사람들은 보통 아무 말이나 해도 그 안에 무언가 있다고 착각한다. 결론을 이끌어 내는 데 필요한 질문들을 질서정연하게 하지 말고 중구 난방식으로 던지면 상대방은 내가 원하는 바가 무엇인지 알아채지 못해 혼돈에 빠질 것이다. 그 결과 나의 질문에 제대로 대응하지 못한다.

3. 상대방을 화나게 만들어라. 화가 나 흥분한 상태에서는 올바른 판단이 불가능해진다. 상대방의 화를 돋우려면 노골적으로 비방하거나 트집을 잡을 때 뻔뻔한 태도를 취해야 하고, 상대방이 화를 내면 그 논거를 집요하게 물고 늘어져야 한다. 상대방이 화를 내는 게 나에게 유리하다. 상대방이 움찔하면 그것이 곧 약점이므로 타격을 입도록 그 부분을 집중 공격한다. 상대방이 제대로 대답하지 않고 논의를 바꿔 어물쩍 빠져나가려고 하면 그 부분이 명백한 약점이다. 상대방이 침묵할 때 그 부분을 계속 공격하면 상대방은 빠져나가지 못한다. 이

방법이 통한다면 다른 방법은 사용할 필요도 없다. 이것은 '근거를 통해 지성에 호소'하는 것이 아니라 '동기를 통해 의지에 호소'하는 방법이다. 감정과 욕망에 호소해야 상대방과 청중도 설득할 수 있다.

4. 반대되는 명제를 함께 제시할 때 '큰 소리로 강조'해야 한다. 목소리가 크면 상대방이 훨씬 타당성이 있다고 받아들인다. 뻔뻔하게 공격하며 아직 결론이 나지 않았는데도 상대방이 말한 지금까지의 답변으로 마치 모든 것이 증명된 것처럼 당당한 태도를 취하는 것이다.

5. 대인논증 논쟁을 펼쳐라. 상대방의 주장이 그의 행동이나 가치관과 모순되진 않는지 따져보는 방법이다. 예를 들어 쇼펜하우어가 자살을 옹호한다면 그를 상대로 "그렇다면 당신은 왜 목을 매지 않습니까?"라고 묻는 것이다.

6. 자신이 갖고 있는 권위를 이용하라. 상대방의 지식과 능력이 제한되어 있으면 있을수록 나의 전문적인 권위를 더 인

정하게 된다. 사람들은 보통 전문가를 존경하는 경향이 있다. 가령 전문직 중에는 생계 수단에 불과한 경우가 많은데도 그들의 지식이나 기술에 대해 막연히 동경하는 경향이 있다. 따라서 일반 대중을 설득하려면 권위를 활용하는 것이 좋다. 권위를 인정하는 이유는 "누구나 사람들은 판단하기보다는 그냥 믿으려는 경향이 강하"기 때문이다. 따라서 상대방이 전혀 알지 못하는 권위가 가장 효과가 좋다. 학식이 없는 사람들은 상대방이 어려운 외국어나 한자, 사자성어를 쓰면 일단 존경심이 생긴다. 엄밀히 따져보면 보편적인 지식도 두세 명의 소수 견해에 불과하지만 스스로 생각하기를 싫어하는 대중은 그냥 권위를 받아들인다. 따라서 일반 사람들과의 논쟁에서는 보편적인 견해를 권위로 사용할 수 있다.

7. 허영심을 공격하라. 아는 척하는 사람에게 침착하게 대응하라. 상대방이 허영심이 큰 경우 그 약점을 공략하는 것이다. 자신감이 부족해서 뭔가 아는 척하려는 사람에게 학식 있고 의미심장한 '허튼소리'를 진지하게 하면 고개를 끄떡일 것이다. 특히 자신이 이해하지 못하는 이야기일수록 알아듣는

척하는 사람에게는 나의 견해가 명백한 것처럼 속일 수 있다.

논쟁에서 이기기 위해서는 냉정하게 대응해야 한다. 침착하고 냉정하게 상대방의 공격을 맞받아치는 것이 감정적으로 대응하는 것보다 훨씬 효과적이다. 차분하게 상대방의 주장이 부당하다는 것을 보여주면 상대방은 더 분노하게 된다. 논쟁 상대에게 예의를 차리는 것으로는 상대를 이길 수 없다. 상대방이 인신공격을 하면 사안과는 관계없는 것이라고 침착하게 대답하며 상대방의 주장이 부당하다는 것을 증명해 보인다. 상대방의 모욕적인 발언에 대해서는 아무런 대응을 하지 않는 것이 좋다.

우리는 논쟁을 통해 각자의 생각을 교정하고 또 새로운 견해를 창출해 낸다. 그러나 논쟁의 당사자는 학식이나 정신력에 있어서 상당 부분 엇비슷해야 한다. 두 사람 중 한 사람의 학식이 부족하다면 그는 논쟁을 전체적으로 다 이해하지 못해 제대로 된 논쟁이 될 수 없다. 반면에 둘 중 어느 한 사람의 정신력이 결여되어 있다면 논쟁에 의해 촉발된 격분이 그를 부정직과 속임수 또는 야만성에 빠지게 만든다.

옳음이 뭔지 생각해 보라

Nietzsche

니체는 『비극의 탄생』에서 '너 자신을 알라'는 말로 유명한 철학자 소크라테스를 낙천주의라고 비판한다. 소크라테스는 '아는 것'과 '행복'은 일치하므로 늘 지혜의 덕을 쌓아야 한다고 강조하지만, 니체는 이런 태도를 '오만'이라고 지적한다. 소크라테스는 그리스인 가운데 새롭게 나타난 존재 양식인 '이론적 인간 유형'이다. 이론적 인간은 자기의 존재 의미와 목적에 대한 통찰을 통해 진리를 찾는 데에서 즐거움을 느낀다. 그러나 니체가 볼 때 이 세계의 비밀을 완전히 발가벗기는 일은 쉽지 않다.

진리는 과연 존재할까

소크라테스처럼 이론을 통해 세계를 알려는 무모한 작업을 '땅굴 파기'에 비유할 수 있다. 그 세계의 본질을 알기 위해 지구의 한가운데 구멍 하나를 파고들어 가는 사람은 평생을 파도 끝까지 파지 못할 것이고, 열심히 판 구멍이 다른 사람에 의해 메꿔질 수도 있다. 구멍을 뚫어 지구의 반대편에 이를 수 없다는 사실을 안다면 예전에 파 놓은 다른 사람의 구멍에 남아 계속 일하는 사람은 한 명도 없을 것이다.

모든 학자는 연구를 통해 자신만의 땅굴을 파헤치거나 남이 파던 땅굴을 계속 파고들어가 세계의 본질에 다다를 것이라고 확신한다. 철학자 레싱Gotthold Ephraim Lessing은 자신에게 중요한 것은 "진리 자체가 아니라, 진리를 탐구하는 과정"이라고 변명하기도 했다. 그러나 땅을 파내려 간다고 해서 지구와 우주의 비밀을 낱낱이 밝혀낼 수는 없다. 왜냐하면 원인과 결과로 세상을 이해하는 것은 인간의 사고방식 가운데 하나이기 때문이다. 인과율은 실재에 있는 것이 아니라 인간의 마음에 있는 관념의 색안경이다.

따라서 인간은 사유를 통해 존재의 가장 깊은 심연에 이를 수 있기에 모든 존재를 인식할 수 있을 뿐만 아니라 '수정'할 수 있다는 소크라테스의 확고한 믿음은 하나의 망상이라고 비판받는 것이다.

니체가 소크라테스를 '낙천주의'라고 비판한 것은 과학의 발달로 이 세계의 본질을 파헤치고 수정함으로써 인류가 더 행복해질 것이라는 잘못된 믿음과도 관련이 있다. 생존을 위한 도구에 불과한 이성을 활용해 인류가 행복해질 것이라는 오만은 오늘날 과학 기술을 통해 환경을 파괴하고 생명의 질서를 뒤흔드는 탐욕에서도 확인할 수 있다.

니체는 "진리란 없다. 모든 것이 허용된다"고 말한다. 만약 진리가 있다고 확고하게 믿으면 인간의 상상력이나 창조력이 제한될 수 있다. 많은 지식이 상대적인 것이며 특히 과학은 개연성에 불과하기 때문이다. 과학은 100퍼센트 진리의 확실성을 말하지 않는다. 과학은 자기 나름대로 해석하려는 인간의 감정(정서)을 제거하고 객관적 경험만을 다룬다는 점에서 사실주의다. 그러나 과학은 사실을 다루기 전에 먼저 과학자 자신의 믿음을 전제한다. 즉, 가설을 미리 제시한다.

> 무전제와 과학은 존재하지 않는다. 그런 것을 생각하는 것은 상상할 수 없는 일이자 터무니없는 일이다. 과학이 신앙에서 하나의 방향, 하나의 의미, 하나의 한계, 하나의 방법, 하나의 생존권을 얻기 위해서는, 하나의 철학, 하나의 '신앙'이 언제나 먼저 거기 있어야만 한다.

과학이란 방법적으로 과학자 자신의 믿음을 전제한다. 이것은 마치 감각을 통해 알게 되는 삶과 자연, 그리고 역사를 부정하고 다른 보이지 않는 세계를 찾는다는 점에서 금욕주의적이고 형이상학적이다. 과학은 현실을 부정해 초월의 세계를 찾던 종교와 비슷하다. 진리는 이쪽의 감각 세계가 아닌 다른 추상의 세계(기호)에서 찾는 것이다. 과학자는 초월적인 다른 세계를 긍정하기 위해 몸으로 느껴지는 감각의 세계를 부인한다. '진리란 없다. 모든 것이 허용된다'는 선언으로 니체는 진리와 신앙, 과학을 상대로 파산선고를 한다. 지금까지 자명한 것으로 여겨진 모든 진리 자체를 문제 삼는다.

사실주의의 문제는 다양한 해석을 거부한다는 점이다. 해석은 텍스트를 '수정'하고 생략하고 변형시키는 행위를 말한다.

누구나 각자의 관점에서 세상을 바라보고 이해한다. 그러나 무조건 하나의 진리만을 주장하는 것은 저마다의 개성을 부인하는 셈이다.

따라서 하나의 진리만을 주장하지 않고 다른 모든 사람의 입장에 열려 있어야 한다. 하나의 진리를 믿으면 다른 사람에 대한 권위를 쉽게 따를 수밖에 없다. 인간의 앎에는 제한이 있어서 모든 것을 스스로 알아낼 수는 없다. 따라서 전문가가 말한 것에 복종하다 보면 스스로 판단할 수 있는 기회를 놓친다. 진리를 확고하게 믿을수록 신앙에 종속되는 일이 많다.

진리들이 숨쉬는 세계

니체가 제시하는 '관점주의'는 상대주의와 다원주의로 요약할 수 있다. 관점주의는 절대적 진리라는 것은 없고 모든 것은 주어진 관점에 따라 달라질 수밖에 없다는 입장이다. 마치 코끼리를 만지는 장님처럼 각자 다른 세계를 인식한다. 그렇다고 코끼리를 만지는 사람들이 각자 느낀 바를 합쳐 하나의 전체상을 만든다는 뜻은 아니다.

다원주의란 같은 사물을 달리 볼 가능성을 허용한다. 그런 과정을 통해 원래의 의미는 다양해지고 풍성해지면서 객관성을 드러내게 된다. 기존의 가치가 잘못되었다면 단 하나의 해석만이 옳다고 주장하면서 다른 해석을 전혀 허용하지 않았기 때문이다. 니체가 "신은 죽었다"고 선언해 진리의 모든 원천이 제거되면서 모든 해석이 허용되었다. 지금까지 종교, 철학, 과학에서 하나의 진리만을 찾았다면 이제는 다양한 관점에서 세계를 바라봐야 한다.

그렇지만 니체가 여전히 객관성을 진리의 기준으로 삼는다는 점은 흥미롭다. 객관적인 이해를 위해 다르게 볼 수 있어야 한다. "한번 다르게 보는 것, 다르게 보려는 의욕을 갖는 것은 지성이 미래의 '객관성'을 확보하기 위한 적지 않은 훈련이며 준비"다. 그렇다고 객관성을 무관심한 직관으로 이해해선 안 된다. 인간의 해석을 덧붙여 대상을 이해할 때 "관점과 정서적 해석의 차이를 이용"할 줄 알아야 한다. 즉, 인간의 감정을 긍정과 부정으로 나눈다면 현실을 긍정하는 입장에서 해석해야 한다는 것이다.

지금까지는 인간의 감정을 배제한 '금욕주의'의 입장에서 세계를 해석하다 보니 감각으로 느껴지는 구체적인 경험들이 무시되었다. 금욕주의적 태도에서 초감각적 세계인 플라톤의 이데아, 과학주의, 구원의 세계 등이 만들어진 것이다. 세계를 다양하게 해석하기 위해서는 많은 관점이 필요하다. 그러나 철학자들이 주장하듯이 '무시간적인 인식주관, 순수이성, 절대정신'은 다양성과 모순된 개념으로 받아들일 수밖에 없다. 만약 철학자의 한 가지 관점만 진리라고 인정하면 다르게 해석하려는 힘은 억압될 수밖에 없기 때문이다. 따라서 객관적인 인식을 위해서는 더 많은 관점, 더 다양한 시선이 필요하다. 개념의 객관성은 이런 관점주의적 인식을 통해 더 완전해질 것이다.

그렇다고 주관의 '정서'를 배제하고 순수하고 의지와 고통이 없는 관점으로 바라봐선 안 된다. 건강한 욕망으로 세상을 바라봐야 한다. 이 세상을 긍정하는 시선으로 바라보기 위해서는 '선과 악'이라는 도덕적인 가치로 덧칠된 해석을 제거할 필요가 있다. 왜냐하면 이 세상에서 실패한 노예들이 자신의 오염된 눈으로 세상을 보았기 때문이다. 해석은 대상 자체가 아니라 해석하는 사람의 힘과 관련이 있다. 건강한 사람은 세상을 하나로 보고 긍정하면서 이 세상을 객관적인 실재로 인식한다. 그러나 건강하지 못한 사람은 감각적인 세상을 감각이 없는 다른 세상으로 바라보고자 왜곡한다. 지금까지 신학, 철학, 과학 분야에서 이런 식으로 세계를 왜곡했다. 객관적으로 이해하는 것은 세계를 있는 그대로 보되 다양성과 다름의 가능성도 받아들이는 태도를 말한다. 객관적인 해석을 위해 인간의 모든 감정을 빼는 것이 아니라 건강한 정서를 가미해 세상을 들여다봐야 한다.

자기의 입장만이 옳다는 고집은 버려야 한다. 자기의 경험만이 옳다고 해석하던 시대는 이제 지나갔다. 니체는 우리가 당연하게 받아들이는 진리보다 진리 자체를 문제 삼는다. 왜 인간은 진리를 알고자 했는지, 진리를 향한 인간의 그런 의지를 밝혀야 한다는 것이다. 과거 많은 해석들의 옳고 그름을 떠나 왜 인간이 그토록 하나의 해석을 필요로 했는지 설명할 필요가 있다. 인간은 의미를 추구하는 존재다. 삶의 의미를 얻기 위해 질문을 던지고 답을 구한다.

그러나 안타깝게도 인간이라는 동물은 지금까지 아무 의미도 지니지 않았다. 인간은 동물처럼 그저 먹고 마시는 것만으로는 살 수 없다. 배만 부르다고 존재하는 것이 아니라 밥을 먹는 의미를 알아야 행복할 수 있다. 과거의 진리는 인간에게 어느 정도 부족한 의미를 채워 주었다 하더라도 그것은 잘못된 믿음에 근거했다. 하나의 진리만을 옳다고 믿었기 때문이다. 모든 사람이 갖는 나름의 해석을 배제하고 하나의 진리만을 무조건적인 것으로 강제하는 것은 잘못된 태도다.

니체는 많은 사람들이 각자 자신의 관점에서 다양하게 세상을 바라볼 수 있다고 말한다. 그것이 관점주의perspectivism다. 하나의 세계를 '다르게' 볼 수 있다는 가능성과 다른 사람이 나보다 '더 정확하게' 볼 수 있다는 가능성을 모두 열어 두어야 한다. 그런 과정을 통해 내가 보지 못한 세계에 더 객관적으로 접근할 수 있다.

민주주의의 원칙은 자유와 다양성이라고 말한다. 만약 어떤 사실만이 진리라고 상정한다면 다른 모든 것은 거짓이 된다. 하나의 진리만 주장하면 권위적인 세상이 되며 다른 목소리에 귀를 기울이지 않아 폐쇄적이고 억압적인 사회가 된다. 하나의 진리가 구속력을 갖게 되면 자유로운 정신은 사라진다. 따라서 나만 옳다는 착각에서 벗어나야 경직된 사고에서 빠져나올 수 있다.

삶의 의미를 찾기 위해 세계와 인간을 이해하는 일은, 묻고 답하는 끝없는 과정을 통해 이루어진다. 중요한 것은 세상을 바라보는 태도다. 세상을 비방하면서 바라보면 염세적인 세계관이 만들어지고, 세상을 기쁘게 받아들이면 낙천적인 생각이 만들어진다. 하나의 진리에 구속되어 있지 않다면 우리의 생각은 자유롭다.

CHAPTER

7

가족, 낯설고 친밀한

(결혼)

만남의 재해석

Schopenhauer

가족은 '결혼'하는 것으로부터 시작된다. 헤겔 역시 가족을 이루는 계기는 바로 결혼이라고 말한다. 그에 따르면 결혼은 인륜적 관계다. 인륜적 관계라는 의미는 결혼이 인간 종種으로서의 생명 유지와 보존을 위한 성적 관계로서만 파악되어서는 안 된다는 의미다. 그러나 평생 독신으로 살았을 뿐만 아니라 성애와 여성에 대한 부정적인 시각을 가졌던 쇼펜하우어는 가족에 대해 별 다른 의미를 갖지 못했다. 더군다나 어머니와 아버지의 관계가 좋지 않았고, 그래서였는지 쇼펜하우어의 가족사는 불행한 것으로 알려져 있다.

쇼펜하우어가 바라본 결혼

가족은 종족 보존을 위한 성적 환상에서 만들어진 것일 뿐이다. 결혼을 개인의 선택이라고 착각하지만 실제로는 종족 의지의 실현일 뿐이다. 결혼을 하고 나면 사랑이라는 감정의 환상은 차츰 깨지기 마련이고, 가족을 유지하는 일은 쉽지 않다. 이렇게 우리는 사랑과 결혼이라는 환상을 통해 미래세대를 구성한다. 앞서도 말했듯이 가족의 출발은 결혼이다. 인간의 일상적인 행복은 결혼을 기점으로 크게 바뀐다. 사람들은 결혼해서 자식을 낳고 그 아이들을 잘 키우기 위해 열심히 일하는 데 헌신한다.

지금도 그런 경우가 있긴 하지만 과거에 결혼은 자신의 의지대로 할 수 있는 게 아니었다. 특히 군주와 왕 같은 통치자는 하층민의 여자와는 결혼하지 않았고 소실을 두는 경우가 많았다. 첩에게서 태어난 자식은 상속이나 대를 이을 때 권리를 요구할 수 있었고, 이로 인해 분란의 소지가 컸다. 만약 모든 조건을 버리고 하층민 여자와 결혼하면 자신의 모든 권리를 포기해야만 했다. 쇼펜하우어가 볼 때 자신이 사랑하는 여자와 결혼하지 못하는 '가엾은 남자'는 바로 '군주'였다. 군주의 결혼은 국가의 일이며, 따라서 나라의 안녕을 바탕으로 결정되었기 때문이다.

여성에게는 '성적인 명예'가 중요했다. 그것은 순결이나 정절을 뜻한다. "여성에게 명예는 미혼 여성의 경우 어느 누구에게도 몸을 허락하지 않았을 것이라는 일반적인 견해이며, 기혼 여성의 경우는 자신과 혼약한 남자에게만 몸을 허락했을 것이라는 일반적인 견해다." 여성의 삶에서는 성적인 관계가 중요했다. 쇼펜하우어는 남성은 여성에게 한 가지만 요구하며, 여성은 남성에게 모든 것, 즉 여성이 원하고 필요로 하는 모든 것을 기대한다고 말한다. 남성은 결혼 관계에서 생기는 자녀들을 보살필 책임을 떠맡게 된다.

만약 여성들이 성적인 명예를 지키기 위해 함께 뜻을 모아 '공동의 적인 남성'에게 맞선다면 여성 전체에게는 이익이 되겠지만 "남성이 절대 외도를 못하도록 하는 것"이 전제되어야 한다. 이런 '항복인 결혼'을 통해 남성이 여성 전체를 먹여 살리는 일이 생겨난다. 여성의 이익을 위해서는 여성들이 '성적인 명예(순결, 정조)'를 지키도록 서로 감시해야 한다. 따라서 혼

전 성관계로 여성을 배신하는 미혼 여성은 성적 명예를 잃는 수모를 당하거나 고립되어 기피 대상이 된다. 기혼 여성 가운데 간통한 여성도 같은 비난을 받게 된다.

쇼펜하우어는 일부일처제가 인간의 본성에 어긋나 있다고 봤다. "일부 교부들은 결혼한 부부가 아이를 낳을 목적일 때만 동침이 허용된다"고 하지만 그것은 잘못된 것이다. 성행위는 출산이라는 목적을 위해 이루어지는 것이 아니라 성욕 자체에서 충동적으로 일어난다. 성교가 그 자체의 쾌락 때문이 아니라 인류의 보존을 위해 이루어진다면 심각한 문제가 생긴다. 성관계의 목적이 출산에만 있다면 인구가 충분히 많아지면 성행위는 금지될 것이기 때문이다. 이미 번식의 목적이 달성되면 인류의 성관계는 쓸데없고 무의미한 일이 된다.

쇼펜하우어에게 성욕은 맹목적이며 무한한 것이어서 결혼 제도 안에 가두어둘 수 없다. 일반적으로 성욕은 어떤 숙고를 동반한 것이 충동에 따라 생겨난다. 만약 인간이 어떤 목적이나 의도를 갖고 성관계를 한다면 그것은 '도덕적으로 우려할 만한 행위'가 될 것이다. 출산을 고려한 의도된 성행위와 단순한 성욕에서 비롯되는 생식 행위의 관계는, 냉정히 숙고해서 저지르는 살인과 격분해서 저지르는 살인의 관계와 같다. 그렇지만 출산을 전혀 고려하지 않는 성행위도 비난받기는 마찬가지다. 성욕을 충족시킴으로써 삶의 의지가 강해지는가 하면, 개체의 출산으로 이어지지 않는 동성애는 그리스도교에서는 죄악으로 여긴다. 쇼펜하우어는 이런 점에서 일부일처제가 부자연스럽고, 오히려 일부다처제가 유익하다는 위험한 결론을 내린다. 출산을 고려한다면 여성의 불임이나 노산 등을 고려할 때 일부일처제보다 일부다처제가 여러모로 유리하다고 생각하기 때문이다.

남성이 여성에게 '성적인 명예'인 순결의 의무를 부여하면서 그것에 따른 권리를 주는 것은 자연에 반하는 행위다. 그 의무를 이행하는 여성도 불행해진다. 일부일처제의 경우 남성은 신분이나 재산을 고려해 매우 좋은 조건이 아니라면 결혼하지 않으려 한다. 반대로 여성이 결혼에 의해 얻을 수 있는 권리를 포기하면 이 결혼 또한 어렵다. 남성이 제안한 조건에 굴복하지 않는 여성은 자신이 좋아하지 않는 남성과 '억지로' 혼인해 살아가든가, 평생 '노처녀'로 살다가 죽는 위험을 안게 된다는 것이다. 자연적인 면에서 볼 때 젊음은 매우 짧기에 여성이 '남성의 매력을 끄는 기간' 또한 매우 짧다는 사실도 덧붙인다.

따라서 쇼펜하우어는 "일부일처제를 원칙으로 하는 유럽에서 남성이 결혼하는 것은 자신의 권리는 절반으로 줄이고 의무를 두 배로 늘리는 행위를 의미한다"고 말한다. 남성에게는 결혼의 조건이 더 까다롭게 느껴지며, 여성 역시 조건만 보는 결혼에 만족하지 않을 수 있기 때문이다. "법률이 여성에게 인정한 권리와 명예가 여성의 자연스러운 관계를 넘어설수록 이 혜택을 누리는 여성의 수는 실제로 줄어든다." 여성이 혼인법을 통해 많은 권리와 명예를 얻으면 "현명하고 신중한 남성이 큰 희생을 치르면서 그토록 불공평한 계약을 맺는 것을 주저하는 현상"이 벌어진다는 것이다. 여성과 남성이 동일하지 않은데 일부일처세와 그에 따른 혼인법으로 여성을 남성과 완선히 동등하게 여겨 '부자연스럽게도 유리한 위치'를 부여할수록 남성의 결혼 의사는 줄어들 수밖에 없다는 것이다.

일부일처제를 실시하는 나라에서는 결혼하는 여성의 수가 제한된다. 그 결과 미혼녀가 늘어나며 중노동에 시달리거나 매춘부로 살아갈 수밖에 없는 여성도 많아진다. 매춘부는 즐거움도 명예도 없지만 일부일처제라는 제도 아래에서 '남성을 만족시키기 위해 필요한 존재'가 된다. 가장 끔찍한 피해자이며, 일부일처제라는 제단에 바쳐진 실제적 제물이다. 물론 지금 우리에게 납득이 되는 말은 아니지만 쇼펜하우어는 남성의 성욕이 결혼이라는 제도 안에서 제대로 충족되지 않아 불합리하다고 지적하며, 출산을 목적으로 한 결혼과 지나치게 조건을 따지는 사회 풍토를 비판했다.

가족의 가치

가족의 장점은 부의 상속이다. 인간은 누구나 자신과 자기 가족에게 필요한 것을 조달하는 데 시간을 들이고 이것이 자연스러운 직분이라는 사실을 알게 된다. 부모는 자식을 먹여 살려야 하는 부양의 의무가 있다. 인간은 힘든 노동을 통해 생존 가능성을 높이기 때문에 고난에 익숙하다. 일하지 않는 자유로운 여가는 많은 사람들에게 따분함과 무료함을 가져다준다. 인류의 진화 과정을 보면 자유 시간은 극소수의 상류층에게만 허용되며, 그런 여유를 누리지 못하는 사람은 오히려 권태감을 느낀다.

그래서 인간이 궁핍하면 고통을 느끼지만 막상 과잉되면 지겨워진다는 것이 쇼펜하우어의 지적이다. 따라서 모든 놀이와 오락, 취미로 즐거운 시간을 보낼 수 없다면 보통사람에게는 자유로운 여가가 오히려 짐이 되고 결국에는 고통이 된다. 자수성가를 이룬 사람 중 일부는 '운명'에 대해, 일부는 궁핍과 가난에서 벗어나게 해준 자신의 '수완'에 대해 확고하고 강한 신뢰를 갖고 있다. 그렇지만 부유한 환경에서 태어난 사람과 달리 언제든 바닥으로 추락할 수 있다는 걱정도 한다.

부유한 환경에서 태어난 사람들은 자신에게 자유로운 여가시간을 안겨준 가족에게 감사한다. 대체로 부잣집 자녀는 '재산뿐만 아니라 재산을 유지하려는 유전적 본능'까지 갖고 있다. 오히려 가난하게 살던 사람이 부를 이루면 낭비벽이 심한 사람으로 바뀌는 경우가 있다. "부잣집에서 태어난 여성은 돈을 다루는 데 익숙해 분별력 있게 돈을 쓴다. 하지만 결혼 후 비로소 돈을 마음대로 쓰게 된 여자는 돈을 쓰는 데 재미를 붙여 터무니없이 낭비한다." 그렇다고 무조건 부잣집 딸과 결혼하라는 충고는 절대 아니다. 다만 부자일수록 검소한 생활에 익숙하며, 부자들 가운데 자린고비가 많은 이유도 그 때문이다.

쇼펜하우어는 '벌어들인 재산과 물려받은 재산'을 잘 유지하라고 권고한다. 취득이든 상속이든 부는 인간에게 긍정적인 역할을 하기 때문이다.

> 태어나면서부터 많은 재산을 갖고 있다는 것, 가족은 제외하고 자기 혼자만이라도 진정으로 독립해서, 즉 일하지 않고 편히 살아갈 수 있다는 것은 비교할 수 없는 특전이다. 이것은 인간의 삶에 따라다니는 결핍과 고난으로부터의 면제다. 인간에게 어쩔 수 없는 숙명이라고 할 수 있는, 부과된 힘든 부역으로부터의 해방이다.

부잣집에서 태어나는 일은 선택이 아니라 운명이다. 따라서 경제적인 자유는 이런 운명의 혜택을 받아야만 가능하다. 이렇게 자유인이 되면 하루하루가 자신의 것이 될 수 있다. 경제적 능력의 차이에 따라 경험하는 삶의 차이는 너무나 크다. 게

다가 돈만 물려받는 것이 아니라 정신적인 재능까지 함께 받은 사람은 가장 축복받은 경우다. "물려받은 재산이 최고의 가치를 발휘하는 경우는 그 사람 자체가 높은 종류의 정신력을 타고나 돈벌이와 관계없는 일을 추구하는 경우다." 쇼펜하우어는 이런 '운명으로부터 이중의 혜택'을 받고 평생 자유롭게 자신의 철학을 밀고 나갈 수 있었다.

가족의 좋은 유전자와 풍족한 부를 물려받아 '자신의 창조적 재능'에 따라 살아갈 수 있다면 비할 바 없이 행복한 사람일 것이다. 그들은 다른 사람이 할 수 없는 일, 인류에 도움이 되는 일을 하며 그것을 '명예'로 생각한다. 가족의 이런 이중 혜택을 받은 사람은 쇼펜하우어의 말처럼 '박애적인 노력을 통해 인류에 공헌'할 수 있어야 한다.

결혼이라는 환상

Nietzsche

니체는 평생 독신으로 살면서 위대한 철학자는 결혼하지 않는다고 자부했다. 하지만 생명의 창조 행위로서의 결혼은 높이 평가했다. 철학자에게 결혼은 어울리지 않는다. 결혼은 행복에 이르는 길이 아니라 불행에 이르는 길이기 때문이다. 이 진리를 입증하듯 실제로 위대한 철학자 가운데 결혼한 사람은 드물다. 역설적으로 소크라테스는 이런 명제를 입증하기 위해 결혼했다. 철학자의 삶은 날개를 달고 날아다니는 자유로운 새에 비유할 수 있다. 결혼을 반대하는 이유는 결혼을 통해 인간의 자유 정신이 구속되기 때문이다.

결혼은 무엇을 주는가

니체는 남녀 간의 사랑과 결혼을 어떻게 정의할까? 니체는 전통적인 성 역할에 따라 남자는 전투를 위해, 여성은 위안을 위해 양육된다고 믿는다. 그는 사랑과 결혼을 매우 진지하게 생각했다.

결혼은 우선 두 사람의 결합을 통해 더 나은 아이를 낳는 것을 목적으로 한다. 따라서 결혼하기 전에 자신에게 아이를 원할 자격이 있는지 물어봐야 한다. 단순한 쾌락과 행복만이 사랑의 목적은 아니기 때문이다. 짐승과 같은 절박한 욕구에 사로잡혀서는 안 된다. 생식生殖의 목적은 고상한 신체를 창조하는 것, 다시 말해 '최초의 운동'이자 '제힘으로 돌아가는 바퀴를 창조'하는 것이다. 그렇기 때문에 혼인은 당사자들보다 더 뛰어난 한 인간을 만들어 내기 위해 짝을 이루려는 두 사람의 의지라고 볼 수 있다.

> 그대는 젊고, 아이를, 결혼을 원하고 있다.
>
> 하지만 나는 그대에게 묻는다.

그대는 아이를 원해도 될 만한 인간인가?

그대는 보다 높은 신체를, 최초의 움직임을,

스스로의 힘으로 돌아가는 수레바퀴를 창조해야만 한다.

창조하는 자를 창조해야 한다.

창조한 자들보다 더 나은 사람 하나를 창조하려는 두 사람의

의지.

나는 이것을 결혼이라고 부른다.

나는 이런 의지를 실천하려는 상대방에 대한 외경심을 결혼

이라고 부른다.

'서로 공경하고 두려워하는 마음'을 혼인이라고 한다면, 연애는 '한때의 어리석음'이다. 사실 우리는 혼인이라는 '긴 어리석음'으로 '한때의 어리석음'을 끝낸다. 혼인하도록 만드는 의지는 바로 더 나은 생명을 창조하려는 자의 목마름, 초인을 향한 화살과 동경이다. 차라투스트라는 이와 같은 '의지와 혼인'을 신성하게 생각하며 자기의 연민의 정 하나를 뛰어넘지 못하면서 주제넘게 사랑을 하는 자는 모두 실패할 것이라고 말한다.

사랑은 연민이 아니다. 창조하는 자는 가혹하며, 위대한 사랑은 연민을 초월한다. 위대한 사랑을 위해서는 위대한 경멸도 필요하다. 사랑으로 원하는 것을 행하려면 먼저 원할 줄 알아야 하고, 이웃을 나 자신처럼 사랑하려면 앞서 자신을 사랑할 줄 알아야 한다. 사랑의 조건에는 욕망 자체보다 자신의 욕망을 인식하고 실현할 수 있는 능력이 더 중요하며, 이웃사랑보다 자기 사랑이 먼저다. 연민은 약한 자들이 서로 의지하고자 하는 소인배의 덕에 불과하다. 니체가 강조하는 자기 사랑은 힘찬 영혼에서 솟아오르는 건전하고 건강한 이기심을 근거로 한다. 가족, 우정, 사랑은 비이기적인 것처럼 보이지만 실제로는 그렇지 않다.

> 절친한 사람과 가족 안에서의 삶은 호의에 의해서만 잎이 나고 꽃이 핀다. 선량함, 우정, 마음의 정중함은 끊임없이 솟아나는 비이기적인 충동이 발산된 것이며, 동정, 자비, 헌신이라고 불리는 충동의 잘 알려진 표현보다 훨씬 강하게 문화에 기여해 왔다. 사람들은 그것을 과소평가하지만, 그러나 사실상 거기에 비이기적인 것은 많지 않다.

결혼은 철학자에게 어울리지 않는다. 마치 자식이 없는 사람이 상속권 폐지를 논의하는 것처럼 우습기 때문이다. 니체는 가장 높은 철학적 양식의 문제들과 관련해 결혼한 사람들은 모두 의심스럽다는 결론을 내린다. "총체적인 현존을 가장 보편적으로 인식하고 평가하는 일을 자신의 과제로 선택한 사람"인 철학자가 "가족에 대한 걱정, 즉 아내와 자식의 부양, 안전, 아내와 자식의 존경에 부담"을 느낀다면 이치에 맞지 않는다. "멀리 떨어진 별나라의 몇 줄기 광선도 뚫고 나갈 수 없는 희미한 베일을 자신의 망원경 앞에 펼치"는 일을 할 수 없기 때문이다.

모든 제도와 마찬가지로 결혼은 속박된 정신의 믿음 속에서 영원한 힘을 갖는다. 자유로운 생각을 하는 사람이라면 결혼이라는 오류를 미리 거부하는 것은 당연하다. 그러나 결과적으로 철학적인 사색을 즐기는 남성에게는 결혼이 약이 되기도 한다.

남자들은 대체로 자신이 아내를 얻으면 약간 하락하는 반면,

여성들은 약간 고양된다. 너무 지나치게 정신적인 남성들은

마치 그들이 먹기 싫어하는 약처럼 결혼을 거부하지만 그들에게는 그만큼 결혼이 필요하다.

어떤 사람을 만날까

니체는 남성에게 두 번의 결혼을 제안한다. 물론 풍습에도, 시대에도 맞지 않는 발상이다. 첫 번째는 자신을 능가하는 연상의 여인과 결혼하고, 두 번째는 자신이 이끌 젊은 여성과 결혼하는 것이다.

남자는 스물두 살 때는 정신적으로 그리고 윤리적으로 그를 능가하며, 20대의 모든 위험(모든 종류의 명예욕, 증오, 자기경멸, 정열)들을 통해 그를 이끌어갈 수 있는 연상의 여성과 결혼한다. 이 여성의 사랑은 점점 모성적인 것으로 넘어갈 것이다. 그러면 남성이 30대가 되어 젊은 처녀와 관계를 맺고 그 처녀를 직접 교육하면 그 여성은 그 사실을 견뎌낼 뿐만 아니라 가장 효과적인 방법으로 그것을 촉구할 것이다.

그러나 결혼은 남성에게는 대부분 좋지 않은 결과를 가져온다. 결혼은 20대에게는 필수적이며, 30대에게는 필수적이지 않지만 유익한 제도다. 결혼은 흔히 훗날의 삶에는 해가 되고, 남성의 정신적 퇴화를 촉진시킨다. 자유롭게 살고 싶은 사람에게 결혼은 구속이다. 자유 정신은 여성과 함께할 수 없다. 결혼은 탈출할 수 없는 거미줄과 같은 구속이다.

> 결혼의 행복, 습관화된 모든 것은 점점 더 촘촘해지는 거미줄로 우리를 잡아당긴다. 그리고 우리는, 실낱같은 거미줄이 밧줄이 되고 우리 자신이 거미처럼 그 한가운데 앉아 우리 자신의 피를 먹고 있다는 것을 곧 알아차린다. 따라서 자유로운 영혼은 모든 습관과 규칙, 모든 영구적이고 결정적인 것을 싫어한다. 그는 자신을 둘러싼 그물을 계속해서 힘들게 찢는다. 결과적으로 그는 수많은 크고 작은 상처로 고통받게 될 것이다. 왜냐하면 그는 그 줄을 자신에게서, 자기의 몸과 영혼으로부터 벗겨내야 하기 때문이다. 그는 이전에 미워했던 것을 사랑하는 법을 배워야 하며, 그 반대의 경우도 배워야 한다. 뿐만 아니라 예전에 호의의 뿔로 풍요롭게 했던 그

밭에 용의 불화의 이빨을 뿌리는 것이 불가능해선 안 된다. 이것으로 우리는 그가 행복한 결혼에 적합한지 그렇지 않은지 추론할 수 있다.

좋은 결혼은 한 번의 시험을 거쳐야 한다. 결혼의 호의는 한 번쯤은 '예외'를 견뎌내는 것을 통해 지켜진다. 결혼은 성적인 쾌락이나 후손을 얻는 데만 목적이 있지는 않다. 만약 아내가 남편의 성적 욕구를 충족시키기 위해 봉사해야 한다면, 이미 앞의 목표에 어긋난다. "자손의 생산은 우연적인 것이며 훌륭한 교육도 거의 불가능하다." 그 결과 여성에게 지나치게 과도한 의무를 요구하게 된다. 그렇게 되면 여성은 곧 "친구이며 조수이고 아이를 낳는 여자이자 어머니이고 가장이며 관리인"이 되어야 한다. 결혼을 전제로 너무 많은 것을 여성에게 요구해선 안 된다.

"결혼과 같은 인간의 모든 제도는 적당한 정도의 실천적인 이상화만을 허용할 뿐이다." 따라서 제도의 결함을 과감하게 제거할 필요가 있다. 이상적인 결혼은 무엇인가? 서로 다른 성을 가진 두 사람 사이 영혼의 우정으로서의 결혼, 따라서 새로운 세대의 생산과 교육을 목적으로 맺어진 결혼"이어야 한다. 좋은 결혼의 조건은 바로 사랑보다 넓은 의미의 우정이다. 가장 좋은 친구는 가장 좋은 아내다. 성공적인 결혼은 우정의 재능에서 나오기 때문이다.

가장 좋은 결혼 상대자는 오래도록 대화를 나눌 수 있는 사람이다. 결혼하기 전에 반드시 '이 사람과 나이 들 때까지 즐겁게 대화할 수 있다고 믿는가?'라고 자기 자신에게 질문해 보아야 한다. 결혼생활에서 다른 모든 것은 일시적이지만 두 사람의 대화는 거의 모든 시간에 속한다.

CHAPTER
8

우정에 대하여
(우정과 사교)

친구라는 착각

Schopenhauer

성공하고 출세해 존경받는 사람이 되었다고 해서 그와 동시에 사랑받는 사람이 되는 것은 아니며, 그렇게 되기란 무척이나 어려운 일이다. 따라서 우리는 사랑을 얻을 것인지, 존경을 얻을 것인지 중 하나를 선택해야 한다. 사랑의 종류는 다양하지만 사랑은 언제나 이기적이다. 사랑을 받는 방법은 많다. 그 중 분명한 것은 다른 사람에게 강하고 많은 요구를 하지 않을수록 더 사랑받게 된다는 사실이다. 매사 까다롭게 굴면 인기를 얻기 어렵다. 순수하지 않은 마음과 상대방을 무시하는 태도로 타인의 호감을 사기는 어렵다.

진정한 친구에 대하여

존경은 사랑과 반대다. "사랑은 주관적이고 존경은 객관적"이기 때문이며, 존경은 다른 사람에 의해 강요되는 경우가 많아 밖으로 잘 드러나지 않는다. 존경은 '자신의 가치'와 연관된다. 누군가로부터 진심 어린 존경을 받는다면 만족스럽다. 사랑은 그런 객관적인 가치와는 무관하다. 그러나 존경과 사랑 중에는 사랑이 더 의미 있다.

아무리 친한 사이라도 자주 만나지 않으면 인간관계는 변하기 마련이다. 멀리 떨어져 있거나 오랫동안 연락하지 않으면 우정에도 손상이 간다. 아무리 친한 친구 사이라도 세월의 흐름에 따라 우정은 점차 추상적인 개념으로 메말라 간다. 그러면서 서로에 대한 관심이 단순히 이성적인 관심과 관습으로 변해 간다. 눈에서 멀어지면 마음도 멀어지듯이 사람은 당장 내 눈앞에 있는 사물에 관심을 보인다. 자주 만나는 사람이 아니라면 어느덧 관계가 세속적으로 바뀌어 간다.

젊을 때는 "인간 사이의 본질적이고 결정적인 상황과 거기에서 발생하는 관계가 관념적인 것, 즉 신조, 사고방식, 취미, 정신 능력 등에서 생긴"다고 생각하지만, 나중에는 그것이 "현실적인 관계, 즉 어떤 물질적 이해관계"에 근거한다는 것을 알게 된다. 모든 인간은 그의 직업, 가문 등 일반적 관습에 의해 부여된 지위나 역할로 평가받는다. 그 외의 것은 중요하지 않게 간주된다. 반면에 인간 자체의 모습인 인격적 특성은 어쩌다가 예외적으로만 입에 오를 뿐 대체로 관심 밖이다.

그러나 물질적인 인간관계보다 더 중요한 것은 인격적인 관계다. 이 세상에서 가장 본질적인 것은 인격 그 자체다. 세상이 힘들수록 내면의 가치는 더 큰 힘을 발휘한다. 늘 세속적인 것을 따지는 사람에게는 무관심한 것이 좋다. 남이 뭐라 하든 크게 신경 쓰지 않으면 상처받을 일도 없다. '객관적인 태도'를 취하기 위해서는 물질적인 이해관계를 따지는 사회와 접촉을 줄여야 한다.

진정한 친구를 어떻게 확인할 수 있을까? 요즘에는 참된 존경과 참된 우정이 사라지고 그 자리에 겉으로 과시하려는 자들이 득세한다. 앞에서는 호의적인 표정을 짓다가도 돌아서면 이내 뒷얘기를 하고, 어제까지 의리를 부르짖던 사람이 동료의 승진에 시기 질투가 폭발한다. 가짜가 판을 치는 세상에 걸으로만 존경과 우정을 보이는 행동이 차고 넘친다. 참되고 진정한 우정은 타인의 행복과 불행에 대한 "순전히 객관적이고 완전히 무심한 강렬한 관심"으로 확인할 수 있다. 무덤덤한 관심은 나와 친구가 실제로 '일심동체'라는 뜻이다.

그러나 인간의 본성에 깃든 이기심 때문에 참된 우정은 만들어지기 어렵고 지어낸 이야기처럼 현실에서는 존재하기 어렵다. 인간의 관계는 항상 '이기적인 동기'에 의해 이루어지기 때문에 순전히 이타적인 우정은 존재할 수 없다. 그러나 그 이기심에 진심이 가미되면 불완전하지만 우정이라는 관계가 드물게 존재한다. 진짜 우정은 누군가의 도움과 희생이 필요한 친구 앞에서 "마음에서 우러나는 참되고 가식 없는 슬픈 표정을 짓거나, 마음의 평정을 유지하며 얼핏 스치는 표정"으로 확인할 수 있다. 반면 친구가 아닌 사람은 나의 불행에 웃음을 보인다.

함께 울어주는 친구가 진정한 친구다. "모든 참되고 순수한 사랑은 연민이며 연민이 아닌 모든 사랑은 사욕이다. 사욕은 에로스고, 연민은 아가페다." 우정은 이 둘이 섞여 있는 경우다. "진정한 우정에도 언제나 사욕과 연민이 섞여 있다. 진정한 우정이란 우리의 개성과 잘 맞는 친구가 있다는 것에 만족하는 것이고, 또 이것이 언제나 우정의 대부분을 이룬다." 친구의 안녕과 슬픔에 진심으로 관심을 기울이고, 친구를 위해 비이기적인 희생도 감내하는 게 진짜 우정이다. 진실한 우정은 목소리나 음조로도 확인할 수 있다. 친구가 힘들어할 때 함께 울어주는 행동은 사랑과 연민, 그리고 상상력에 의해 이루어진다. 공감 능력이 떨어지는 냉혹한 인간이나 상상력이 부족한 인간은 울지 못한다. "울 수 있는 사람은 반드시 사랑, 즉 다른 사람에 대해 연민을 느낄 능력도 있다"는 뜻이다.

타인이라는 거울

타인은 나의 거울이다. 특히 친구는 나를 비추는 거울이다. 유유상종이라는 말이 있듯이 비슷한 친구들끼리 함께 어울리는 것은 당연하다. 그렇기 때문에 친구의 단점을 지적하고 싶을 때는 자신의 허물을 먼저 살펴야 한다. 인간이 스스로 자신의 몸무게를 느끼지 못하듯이 자신의 결점이나 악덕은 깨닫지 못하고 타인의 결점이나 악덕만 알아챈다. 하지만 "누구에게나 자신에게 들어 있는 온갖 종류의 악덕, 결함, 악습과 역겨운 모습을 분명하게 보여주는 타인이라는 거울이 있다"는 사실을 잊어서는 안 된다. 친구라는 거울을 통해 나 자신을 볼 수 있어야 한다. 친구의 모습이 곧 나의 모습일 수 있다.

타인에게 엄격한 사람은 마찬가지로 자기 자신에게도 까다로운 잣대를 들이대야 한다. 타인의 외모나 행동에 대해 나름 날카롭게 비판하는 사람은 자신의 허물도 고치려고 노력해야 한다. 역설적이게도 남을 책잡는 자는 자신의 개선에 힘쓰게 되는 셈이다. 걸핏하면 엄격하게 타인의 행위를 비난한다는 것은 자신에 대한 정의감, 자부심, 허영심이 충분하다는 뜻이기 때문이다. 『마태복음』은 "남의 눈에 든 티끌과 자기 눈에 든 들보"에 대해 지적한다. 따라서 타인의 결점을 비난하고 싶다면 비난에서 그치지 않고 타인이라는 거울을 통해 나의 결점을 찾아내 개선할 수 있어야 한다.

사실 인간은 타인에게 관심이 별로 없다. 자신의 주관에 따라 멋대로 생각하며, 자기밖에 모르기 때문에 쉽게 상처받는다. 대부분의 "인간은 극히 주관적이므로 오로지 자신에게만 흥미를 느낄 뿐 그 밖의 것에는 아무런 흥미도 느끼지 못한다. 그렇기 때문에 남이 무슨 말을 하든 곧바로 자신부터 생각"한다. 자기의 개인적인 일에만 집중하며 객관성을 잃어버린다. 만약 자기와 상관있는 주제가 아니면 이내 흥미를 잃고 멍해지기까지 한다. 따라서 인간관계에서는 상대방의 '소중하고 여린 자아'에 상처를 주지 않도록 주의할 필요가 있다. 자신만 소중하고 그 밖의 것은 전혀 소중하게 여기지 않는 사람이더라도 그들의 마음에 상처를 줄 만한 이야기나 불리한 내용을 말해서는 안 된다. 상처받기 쉬운 인간은 발이 밟혀 낑낑대는 '강아지'나 사고로 큰 상처를 입은 '환자'와 비슷하다.

자칫 몇 마디 대화로 상대방이 모욕감을 느끼는 경우도 있다. 그 이유를 알기는 어렵지만 각자 저마다의 주관에 갇혀 살아가기 때문에 상처를 주는 것뿐만 아니라 비위를 맞추는 일도 어렵지 않다. 객관적이고 공정하지 않더라도 유리한 내용이라면 호의를 이끌어 낼 수 있다. 왜냐하면 인간은 인식보다 의지가 더 압도적이기 때문이다. 지성은 의지에 봉사하는 수단에 불과하다. 따라서 "예의는 현명함이고, 무례는 어리석음"이다.

경솔하게 남을 적으로 만드는 일은 자기 집에 불을 지르는 행위와 마찬가지로 어리석다. 형식적인 예의를 갖춘다면 상대방이 모욕적이거나 무시당했다는 느낌을 받지 않는다. 예의란 어설픈 위조화폐 같아서 대부분의 사람들은 예의를 갖추지 않은 행동이나 말에 민감하게 반응한다. 특히 현대사회에서 살아가려면 예의라는 가면이 필요하다. 위선이라고 비난할 수도 있지만 그래도 가식적인 예의가 무례함보다 낫기 때문이다. 좋은 인간관계를 위해서는 힘든 상황에서도 웃을 수 있는 '가면'이 필요하고, 그런 태도가 오랫동안 반복되면 좋은 습관이 된다.

모든 만남에는 쓴맛이 있다

Nietzsche

고급 사교계의 파티에 초대받은 하객들의 화려한 예복과 달리 그들의 마음속에는 고통, 속박, 무료함이 깔려 있다. 화려하고 떠들썩한 향연 뒤에는 늘 공허감이 남는다. 그런데도 사람들은 고립감과 따분함을 해소하기 위해 끊임없이 사람들을 찾는다. 특히 자기애가 강한 사람들은 자신만이 이 세상에서 가장 행복하거나 혹은 가장 고통받고 있다고 말하며 타인의 관심과 동정심을 자극한다. 사실 "사교적인 대화에서 모든 질문과 대답의 4분의 3이 조금이라도 상대편을 괴롭히기 위한 것이다. 그런 이유로 많은 사람들이 사교를 갈망한다"고 한다.

함께 웃어주는 이를 곁에 두어라

불행한 사람은 자신의 괴로움을 말함으로써 타인으로부터 위안을 받고자 한다. 그러나 남을 피곤하고 지치게 하는 이런 행동은 영혼의 힘을 약화시킨다. 이웃으로부터 지지를 받으려는 욕심은 "어리석음과 지적 결함, 불행이 가져오는 일종의 정신장애"에 불과하다. 마치 어린아이가 큰 소리로 울면서 관심을 끌려는 유치한 행동과 비슷하다. "어린아이들을 자세히 살펴보라. 그들은 울거나 소리침으로써 동정받고 자신들의 상태가 눈에 띌 순간을 기다린다."

니체는 우울증에 걸린 사람이 남에게 아픔을 호소하고 흐느끼면서 '불행을 과시'하는 것이 결국 '함께 있는 사람을 괴롭히기 위한 것'은 아닌지 의심한다. 그렇게 '강자를 괴롭힐 힘'을 갖고 있다고 믿는 약자에게 동정은 고통을 함께 나눌 수 있기에 '위안'이 된다. 동정을 통해 남의 관심을 끌면 자신이 뭐라도 된 듯한 우월감을 입증했다는 착각에 빠진다. 따라서 타인을 상대로 하는 '동정에 대한 열망은 자기만족을 향한 열망'일 뿐이며, 이는 '이웃의 희생을 전제'로 이뤄진다.

니체는 함께 울면서 고통을 나누는 사이가 진짜 우정이라고 보지 않는다. 쇼펜하우어가 동고同苦, mit-leid를 우정의 기준으로 봤다면, 니체는 동락同樂, mit-freude을 기준으로 삼는다. 따라서 진정한 친구는 함께 괴로워하는 사이가 아니라 즐거운 일에 함께 기뻐할 수 있는 사이다. 왜냐하면 동정과 연민은 하등동물도 느낄 수 있지만 동락은 인간에게도 드문, 진짜 우정에서만 발견할 수 있기 때문이다.

> 우리를 문 뱀은 우리에게 고통을 주었다고 생각하며 기뻐한다. 가장 하등한 동물도 남의 고통을 상상한다. 그러나 남의 기쁨을 상상할 뿐만 아니라 기뻐하는 것은 고등한 동물의 가장 높은 특권이며, 그들 중에서도 특별한 본보기가 되는 자들에게만 가능하다. 즉, 그것은 드문 인간성이다.

친구가 잘되었을 때 함께 그 성공을 축하하고 기뻐하는 일은 쉽지 않다. 왜냐하면 남의 성공은 나의 자존감을 깎아내리는 시기심과 질투를 불러오기 때문이다. 경쟁에서 이긴 친구의 마음을 헤아리며 충분히 공감하고 축하하는 일은 진짜 친구만이 할 수 있는 일이다. 사교 모임에서 나의 행복을 함께 기뻐해 줄 사람을 찾는 일은 쉽지 않다.

또한 사람들은 사교를 통해 자신의 힘을 느끼고자 한다. 악담은 사교에서 가장 효과적인 자극제다. 남을 비난함으로써 우월감을 표시하기도 한다. 악의적인 행동을 통해 자신의 존재감을 확인받고자 한다. 공개적으로 사람을 괴롭히는 즐거움을 통해 자신이 더욱 주목받는 사람이 되고자 한다. 가끔 수줍은 사람, 사교에 자신이 없는 사람은 자신보다 열등한 사람에 대한 우월감을 보이기 위해 야유를 퍼붓는 등 모든 기회를 이용한다. 겉으로는 아닌 척하지만 다른 사람을 깎아내리면서 자신의 가치를 올리고자 한다. 뒷담화, 비난, 무시라는 사교계의 어두운 면을 아는 사람은 많지 않다.

경청의 자세

사교의 본질은 관심 끌기에 있다. 요즘 우리 사회에서는 이것을 '관종'이라고 표현하기도 한다. 누구나 주인공이 되고 싶어 하지만, 자신이 주목받고 있다는 생각은 착각이다. 특히 사교 모임에서 흔하게 하는 오해가 있다.

> 이 사람은 자신의 판단을 통해, 저 사람은 자신의 애착과 혐오를 통해, 또 세 번째 사람은 자신의 지인을 통해, 그리고 네 번째 사람은 자신의 고독을 통해 관심을 끌려고 한다. 그러나 이들은 모두 오해하고 있다. 왜냐하면 연극이 상연되는 것을 보고 있는 사람은 자기 자신만이 유일하게 주목받는 연극이라고 생각하기 때문이다.

관심을 끄는 방법에는 여러 가지가 있다. 정치나 경제에 대한 자신의 지식을 뽐내거나 좋은 사람과 나쁜 사람을 편 가르기 하는 것이다. 또는 자신이 알고 있는 인맥을 과시하거나 외롭다는 마음을 털어놓으면서 주연을 맡고 싶어 하고, 자신이 권력이 있는 척 과시를 하기도 한다. 그렇게 의도적으로 자신의 과장된 모습을 보여주면서 '위협적인 인상'을 남기려 애쓴다. 많은 사람을 향해 '이게 나야! 나는 이러하니 당신들은 당신들이 원하는 대로 생각해!'라는 강한 느낌을 주려 한다. 아무도 듣지 않는 곳에서 쉴 새 없이 떠드는 이유는 간단하다. 아무 말을 하지 않으면 존재하지 않는 것처럼 될까 봐 두려워서다.

모든 사교 모임에서는 진실한 대화가 오가는 것이 아니라 위선적인 모습이 대부분이다. 그래서 사교 모임을 가진 후에는 왠지 양심의 꺼림칙함을 느낀다. 왜 그런 느낌이 드는 것일까? "그 까닭은 우리가 중대한 사실을 가볍게 받아들였거나, 인물들에 대해 논의할 때 정확하게 이야기하지 않았기 때문이다. 또는 말해야 할 때 침묵했거나 적당한 시기에 일어나 가버리지 않았기 때문이다. 간단히 말해 사교 모임에서 마치 우리가 거기에 속하는 것처럼 행동했기 때문이다."

사교 모임에 참여하는 사람은 다른 사람의 이야기에 귀를 기울이지 않고 자신이 듣고 싶은 것만 듣고, 자신이 하고 싶은 말만 한다. 그래서 자신이 하고 싶은 말을 모두 끝내면 더 이상 남아 있을 필요를 느끼지 않는다. 다만 마치 열심히 참여하는 것같은 진지함을 보인다. 그들은 "자신과 똑같은 생각", "똑같은 표현"을 하는 사람에게 경의를 표하며 반가워한다.

그러나 남이 형식적으로 동의한다고 해서 기뻐해서는 안 된다. "서로 생각이 일치한다는 표현"은 단지 두 사람이 "같은 수준"이라는 뜻이다. 생각이 일치한다는 것은 철학자나 사상가에게는 불쾌한 일이다. 스스로 생각하는 사람은 남과 같은 생각에 기뻐하지 않고 오히려 혹시 그 생각이 잘못된 것은 아닌지 의심하며 문제점을 고치려 한다.

니체는 사교 모임에서 친한 사람과 어울리려 하지 말고 나와 생각이 다른 낯선 사람의 생각에 관심을 기울여야 한다고 말한다. 그는 나보다 경험이 많고 지혜가 많은 사람이 들려주는 목소리에 귀를 기울이는 것이 사교의 기본 예의라고 말한다. 사교적인 예의는 누군가의 의견을 들을 때 마치 그것이 우리 의견과 다른, 나아가 우리의 지평을 넘어선 의견인 것처럼 그것에 귀를 기울이는 것이다. 예를 들어 노인이나 노련한 사람이 예외적으로 자신의 인식의 보고를 열어 보일 때 그것에 귀를 기울이는 것처럼 말이다.

3부

어떤 길을 선택할까

CHAPTER

9

운명에 대하여

(운명)

모두 죽는다는 것을 기억하라

Schopenhauer

죽음은 운명이다. 살아 있는 한 누구도 죽음을 피할 수 없다. 그리고 누구도 자기의 죽음을 직접 경험할 수 없다. 우리는 그저 타인의 죽음을 바라볼 뿐이며, 나의 죽음도 결국 다른 누군가의 도움으로 마무리될 것이다. 인간이라는 유기체는 결국 죽어 흙으로 돌아갈 수밖에 없기에 삶의 의지와 노력이 모두 허망하게 느껴질 수도 있다. 그러나 그것은 매우 '순진한' 생각이다. 인간은 죽음을 삶의 목적으로 하지 않기 때문이다. 우리의 삶이 죽음으로 끝난다고 해서, 다시 흙으로 돌아간다고 해서 그 죽음이 우리의 삶의 목적은 아니다.

삶의 본질은 고통이다

인생은 행복이라는 달콤한 유혹이 아니라 죽음에 대한 공포 때문에 견디는 것이다. 이 죽음은 우리의 배후에 버티고 있어 피하려 해도 피할 수 없고 어느 때라도 다가올 수 있다. 인간의 삶은 대부분 끊임없는 투쟁에 불과하며, 결국 죽음에 패배하는 것처럼 보인다. 인생은 항해와 같다. 많은 암초와 소용돌이를 피하려 신중하고 조심스럽게 배를 조종해도 죽음이라는 난파를 피할 수 없다. 작은 파도와 고난을 극복해 낸다 해도 우리에게는 마지막에 닥쳐올 난파가 기다리고 있다. 우리가 피할 수 없는 '죽음'이야말로 힘겨운 항해의 최종 목적지다. 인간은 결국 난파당할 가여운 존재다.

인도에는 이런 삶의 고통을 없애기 위해 인간을 넘어 모든 생명체에 대한 사랑, 모든 것을 내주는 자선, 모욕에 대한 인내, 육식의 금지 등 고행을 실천하는 예가 많다. 삶의 '의지의 완전한 소멸'을 통해 고통 자체를 없애려는 것이다. 이것은 언젠가 모두 침몰하고 마는 죽음의 고통을 인식하는 데 근거한다고 볼 수 있다. 죽음의 필연성을 통해 인간은 불변의 존재가 아니라는 것을 깨닫는다. 만약 인간이 이 우주에서 본질을 이루는 존재라면 죽음으로 소멸하지 않을 것이기 때문이다. 죽음을 통해 인간은 우주의 하찮은 현상에 불과하다는 것을 깨닫는다.

우리 인생의 출발과 끝에는 많은 변화가 있다. 유년기를 거쳐 청년기에는 욕망이라는 망상에 사로잡히고 환락이 주는 희열에 잠시 빠지지만, 결국에는 "모든 신체 기관이 파괴되어 시신이 되면 썩는 냄새가 진동"하게 된다. 오르막을 거쳐 정상에서 잠시 행복과 기쁨을 맛보지만, 곧 내리막길을 걸을 수밖에 없다. 인간은 더없는 행복을 꿈꾸는 유년 시절, 즐거운 청년기, 고통스러운 장년기, 노쇠하고 때로는 애처로운 노년기, 죽음에 이르는 병의 고통, 마지막으로 죽음과의 싸움을 거치게 된다. 죽음으로 끝나는 우리의 삶은 하나의 오류이자 결과적으로는 환멸이다.

쇼펜하우어는 인생에서 벌어지는 일을 '만화경'에 비유한다. 인생은 여러 가지 형태가 있지만 늘 같은 요소를 갖고 있다. 왕이든, 거지든, 재벌이든, 시민이든 삶의 본질은 고통이다. 많은 일들이 운에 의해 행복이 되기도 하고 불행이 되기도 하지만, 그 인생의 바탕에는 죽음에 대한 불안이 자리 잡고 있다. 사람마다 다양한 일을 겪지만, 종국에는 비슷하다. 따라서 "우리의 인생에서 벌어지는 일은 만화경 속의 그림과 같다. 돌릴 때마다 다른 그림이 보이는 것 같지만, 눈앞에 있는 그림은 사실 언제나 변함없다"는 것이다.

운명에 맞서는 세 가지 힘

쇼펜하우어는 세상을 지배하는 세 가지 힘이 있다고 말한다. 첫째는 현명함이다. 우리는 인생의 항로를 예측할 수 없다. 지나온 항로를 되돌아보고서야 많은 행운과 불운이 있었다는 것을 알게 된다. 나 스스로 만든 것도 있지만 우연과 운명에 의해 만들어진 것도 있다. 인생의 항로는 나의 노력과 운이 서로 맞물리면서 만들어진다.

매 순간 우리는 선택과 결정 앞에 놓이지만 우리의 판단력에는 한계가 있다. 한 치 앞을 예상할 수 없으니 더욱 그렇다. 내가 지금 할 수 있는 것은 미래에 펼쳐질 운명을 알아내는 게 아니라 바로 지금 내 눈앞의 일을 결정하는 것뿐이다.

세찬 바람과 높은 파도를 헤치며 우리는 목적지를 향해 나아간다. 그러나 그렇게 가고 있다고 믿는 것일 뿐 실제로는 목적지가 아닌 곳으로 향하는 경우도 많다. 세상일이란 나의 의도와 결과가 일치하지 않는 경우가 부지기수다. 그런 점에서 우리의 인생행로는 직선이 아니라 오히려 대각선에 가깝다. 몇 차례 시행착오를 거치면서 우리는 인생 항로의 결정 앞에 자신이 너무 어리석다는 사실을 확인하게 된다. 현명함은 여러 경험을 통한 뒤에야 얻을 수 있다.

사실 항해에서 필요한 것은 현명함이 아니라 본능이다. "우리에게는 두뇌보다 더 현명한 것이 있다. 다시 말해 우리는 인생 항로의 커다란 국면, 즉 주된 단계에서 무엇이 옳은지 분명히 인식하고 행동하는 것이 아니라 우리 존재의 아주 깊은 밑바닥에서 나오는 내적인 충동, 말하자면 본능에 따라 행동하는 것이다." 지혜는 나중에 여러 경험을 통해 생겨난다. 그것은 잘못된 항해를 비판할 때나 쓸모가 있지 실제 처음 항해할 때는 큰 도움이 되지 못한다.

둘째는 운이다. 쇼펜하우어는 인생에서 운이 가장 큰 역할을 한다고 말한다. 우리의 인생을 항해하는 배에 비유한다면, 행운이나 불운 같은 운명은 바람의 역할을 한다. 순풍은 우리를 앞으로 나아가게 하고 역풍은 우리를 뒤로 떠밀려가게 하며 우리의 노력은 노를 젓는 것과 같다. 그러나 파도가 거세고 바람이 강해지면 우리의 노력은 힘을 잃는다. 오랜 노력으로 앞을 향해 나아가더라도 예상치 못한 세찬 바람이 불어닥치면 다시 제자리로 돌아오거나 혹은 그보다 더 뒤로 밀려나기도 한다. 이처럼 인생에는 행운이 따르는 순간이 있는가 하면 예상치 못한 불운도 함께한다.

우연은 인간이 결정할 수 없는 힘이다. 인간은 행운과 불행에 대해 요구할 권리나 결정할 능력이 없다. 다만 노력 이상으로 얻게 된 행운에 감사할 뿐이다. "분에 넘치는 많은 선물을 겸허하게 받을 수 있다는 즐거운 희망을 품어도 된다고 아주 명료하게 보여 주는 유일한 것"은 바로 "우연"이다. 정확히 말해 '행운'이다. 우리가 살아가면서 겪게 되는 운과 우연은 우리의 노력이 얼마나 무의미한지를 깨닫게 해준다. 운명 앞에 인간은 겸손과 감사를 배운다.

고대 희극작가 테렌티우스Publius Terentius Afer는 『아델피*Adelphi*』

에서 이렇게 이야기한다. "인생은 주사위 놀이와 같다. 던져진 주사위의 결과가 자신이 가장 바라던 것과 다를 경우 우연에 의해 주어진 것을 솜씨를 발휘해 개선해야 한다." 인생은 일종의 주사위 던지기 게임이나 체스 게임과 비슷하다. 이런 게임에는 인간의 힘으로 어쩔 수 없는 운이 개입한다. 아무리 좋은 전략을 세우더라도 상대방에 따라 결과는 달라진다. 인생을 계획할 때도 예상하지 않은 변수로 인해 결과는 달라질 수밖에 없다. 따라서 큰 희망이 절망이 되기도 하므로 인생의 계획에는 많은 수정이 필요하다.

셋째는 용기다. 우리 행복의 중요한 특성 중 현명함 다음으로 필요한 것이 바로 용기다. 현명함과 용기는 기본적으로 부모로부터 물려받기도 하지만 훈련을 통해서도 키울 수 있다. 주사위 던지기 게임에서 늘 좋은 패를 가질 수는 없지만 그렇다고 두려움을 가질 필요도 없다. 실러Friedrich von Schiller의 말처럼 "운명의 주사위가 던져지는" 이 세상에서 살아가려면 그 운명이 던져주는 시련에도 끄떡하지 않고 어떤 상대에도 맞설 수 있도록 철저한 대비와 단호한 기백이 필요하다. 전쟁터와 같은 삶의 터전에서 살아가려면 운명을 한탄하거나 겁을 먹고 움츠러들어서는 안 된다. 칼을 뽑아 들고 당당히 맞설 수 있어야 한다.

고대 로마 시인 베르길리우스Publius Vergilius Maro는 "재난을 피하지 말고 그것에 용기 있게 맞서라"고 이야기한다. 싸움이 아직 끝나지 않은 상황에서, 더군다나 승리할 가능성이 조금이라도 남아 있다면 끝까지 저항해야 한다. 하늘에 푸른 부분이 조금이라도 있는 한, 날씨를 의심해서는 안 된다. 먹구름이 곧 걷힐 것이라는 희망을 절대로 접어서는 안 된다. 하늘이 무너져도 싸우다 죽어야 한다. "용감하게 살라. 용감한 가슴으로 운명의 시련에 맞서야 한다."

운명을 사랑하라

Nietzsche

니체가 말하는 인간의 위대함이란 무엇일까? 니체는 그것을 한마디로 '운명애'라고 말한다. 즉, 자신의 운명을 피하거나 단순히 견디는 것이 아니라 적극적으로 받아들이고 사랑하는 것이다. 우리는 흔히 운명은 미리 정해져 있기 때문에 우리의 힘으로 어쩔 수 없다고 생각한다. 그런 필연성이 있다면 인간의 자유의지는 제약받는다. 그러나 니체는 인간과 운명은 대립하지 않는다고 말한다. 하늘의 운명이 인간을 결정하는 것이 아니라 인간의 삶 자체가 부단히 운명을 만들어가기 때문이다. 매 순간 인간의 운, 운명, 우연은 우리 안에서 바뀌어 간다.

운명은 나의 탓이 아니다

인간은 "미래 앞에서 아무것도 바꿀 수 없기에 약해지고 단념하게 되며, 속수무책으로 서 있거나 한번 정해진 것은 더 나빠질 수 없으니 자신의 기분대로 하게끔 내버려둘 것"이라고 불안해한다. 운명 안에 이미 모든 것, 하물며 저항하고 싸우고 체념하는 것조차 모두 포함되어 있다고 생각한다. 그렇기 때문에 운명 안에서 인간의 자유의지는 존재하지 않는다는 불안감이 생겨나는 것은 당연하다. 그러나 운명에 대한 저항, 영리함, 어리석음, 불안 또한 모두 운명 안에 포함된 '환상'이다.

모이라Moira는 운명의 여신이다. 행운이든, 불운이든 인간의 생각을 묶는 운은 인간에게 두려움을 준다. 인간 세계의 모든 미래는 모이라 안에 예정되어 있어서 우리가 두려움을 갖는다 해도 아무 소용이 없다. 그리스인은 자신이 겪는 고통의 원인이 불운 때문이라고 생각했다. 따라서 악은 자신에게서 나오는 것이 아니라 운명을 거스른 참담함에서 생겨난다. 나쁜 짓을 저질렀을 때 겪게 되는 고통을 통해 불운이 가져오는 비극을 인정했다.

그러나 그리스인은 그리스도교가 말하는 '죄'를 받아들이지 않았다. 자신이 벌을 받는 것은 신에 맞섰기 때문이지, 그리스도교의 신에 대항한 고통이 아니었다. 그리스도교는 인간 고통의 원인을 '양심의 가책'에서 찾았다. 따라서 주사위를 잘못 던진 것은 불운이 아니라 죄가 원인이다. 인생의 모든 고통의 원인은 신이 내린 벌에 있다.

니체에 따르면 은총과 구원과 용서에 대한 그리스도교의 주장은 잘못된 것이다. 죄가 있기에 고통이 따른다는 생각은 잘못된 인과관계이다. 내면에서 고통받는 양심의 가책은 인간과 세계를 잘못 해석한 것에 불과하다.

주사위 놀이에서 진 사람은 운이 없었던 것이다. 마찬가지로 인생의 많은 불행의 원인은 도덕적인 죄가 아닌 우연에 의해 일어난 실패에 있다. 나의 인생이 불행한 것은 운이 나빴던 것이지 죄 때문이 아니다. 주사위 놀이처럼 인생에서 한번 실패했다고 양심의 가책을 느낄 필요는 없다. 종교에서는 현재의 고통을 과거의 행위로 소급하는 경우가 있다. 자신의 고통의 원인을 다른 곳으로 전가하는 것이다. 고대인들이 고통스러운 삶을 가능하면 빨리 잊으려고 했다면, 오늘날의 우리는 고통의 원인을 분석하고 미리 막으려고 노력한다. "양심의 가책을 느끼는 것은 개가 돌을 무는 것처럼 어리석은 짓이다."

매번 원하는 숫자가 나오지 않더라도

미래에 펼쳐질 우연에 대해 지나치게 걱정할 필요는 없다. 니체는 이를 '위장'에 비유해 두 가지 예시를 든다. 하나는 '경마 기수'가 버터 빵을 많이 먹었느냐 적게 먹었느냐에 따라 경기에 내기를 건 수천 명의 행운과 불행이 결정된다는 우려이고, 또 하나는 '외교관'의 위장 상태가 애국자들에게 불안의 대상이 된다는 것이다. 배탈이라도 나면 협상을 망칠 수 있다는 걱정 때문이다. 하지만 이런 걱정은 할 필요가 없다. 소위 징크스라고도 불리는 운에 대한 지나친 불안은 생각이 아닌 용기로 극복할 수 있다.

다만 활동적인 사람에게만 운명의 선택권이 있다. 비활동적인 사람은 행위를 생각할 뿐이다. 생각만 하는 사람은 운명을 바꿀 수 없다. 활동적이며 성공적인 본성을 가진 사람들은 '너 자신을 알라'는 격언에 따라 행동하는 것이 아니라, '자신을 원하라, 그러면 너 자신이 될 것이다'라는 명령에 따르는 것처럼 행동한다. 운명은 그들에게 항상 선택권을 준 것처럼 보인다. 하지만 비활동적이며 관조적인 사람들은 삶에 발을 내딛는 순간 자신들이 이전에 했던 선택이 어떤 것이었는지를 되새긴다.

니체에게 있어서 운과 우연은 인간의 영역이 아니다. '주사위'가 우리 손을 떠나는 순간부터 나의 능력 밖에서 일이 일어난다. 노력과 기대만큼 보답이 적은 경우가 많고, 아무런 보상이 없는 경우도 있다. 그 이유는 인간의 이성으로 예측할 수 있는 것보다 알수 없는 영역이 더 많기 때문이다. 공중으로 던져진 주사위는 바람에 날리고 중력에 의해 떨어지며 굴러간다. 거기에는 너무나 많은 우연이 함께한다.

그렇다면 세상을 결정하는 우연을 어떻게 바라봐야 할까? 이미 떨어진 주사위를 뒤집거나 바꿀 수는 없다. 우리가 할 수 있는 일은 기대한 결과가 나오지 않더라도 포기하지 않고 다시 주사위를 높이 던지는 일뿐이다. 지나치게 결과에 연연할 필요 없다. 나의 운명과 선택을 즐기려면 실패를 인정하는 용기와 여유가 필요하다. 차라투스트라는 주사위 놀이에서 진 사람에게 "용기를 잃지 말라"고 위로한다. 앞으로 많은 게임이 남아 있기 때문이다. "이 세계에는 이루어진 것이 많다. 작고, 훌륭하며, 완전한 것, 제대로 된 것이 넘친다. 황금빛으로 무르익은 것들이 심장을 치유하고 완전한 것이 우리가 희망을 갖도록 한다."

인생은 참 마음먹은 대로 되지 않는다. 아무리 요령껏 주사위를 던져도 좀처럼 원하는 숫자가 나오지 않는다. 예측할 수 없는 무수히 많은 조건이 개입하기 때문이며, 그것은 내 역량 밖의 문제다. 그렇다고 주사위 던지기를 멈출 수는 없다. 그러면 아무 숫자도 나오지 않을 테고, 그것은 진정한 삶이라고 말할 수 없다. 이미 던진 주사위의 숫자는 바뀌지 않지만, 앞으로 주사위를 던질 기회는 많고 또 내가 원하는 숫자가 나올 가능성도 열려 있다. 우리가 할 일은 주사위를 잘 던지는 법을 배우는 것이고, 때가 되었을 때 용기 있게 주사위를 던지는 것이다.

내가 지금 할 수 있는 것은 미래에 펼쳐질 운명을 알아내는 게 아니라 바로 지금 내 눈앞의 일을 결정하는 것뿐이다.

CHAPTER
10

세상을 받아들이는 법
(인식의 문제)

욕망이 인식보다 먼저다

Schopenhauer

쇼펜하우어는 그 당시의 관념론뿐만 아니라 유물론을 함께 비판했다. 플라톤과 칸트에 따르면 이 세상에는 본질이란 것이 있다. 플라톤의 영향을 받은 쇼펜하우어는 이데아론을 따랐으며, 그뿐만 아니라 칸트의 영향을 받아 알 수 없는 세계에 대해 말하기도 했다. 과거의 관념론자들이 인식을 우위에 두고 모든 것을 설명하려 했다면, 쇼펜하우어는 바로 나 자신 안에서부터 설명하려 했다. 따라서 그는 이성이 아닌 욕망을 통해 세상을 들여다보려 했다. 칸트의 생각처럼 이 세계가 표상으로 인식되면 세계의 본질은 알 수가 없다.

지성과 의식의 한계

쇼펜하우어는 "세계는 감성과 지성에 열려 있으며 있는 그대로의 모습을 위해 인과성의 끈에 묶여 합법칙적으로 전개되는 직관적 표상을 위해 소박한 진리성을 갖고 모습을 드러낸다"고 말한다. 헤라클레이토스부터 플라톤, 스피노자에 이르기까지 불변의 실체에 대한 믿음이 있었다. 쇼펜하우어는 진리를 인식하려는 서양 철학사의 시도에 대해 비판적이었다.

인도의 성전인 『베다』에는 인식의 한계에 대해 이렇게 쓰여 있다. 우리가 세상을 인식하는 것은 마치 "인간의 눈을 가리고 세계를 보게 하는 기만의 베일인 마야"와 같다. 세상은 꿈과 같고 환영과 환상으로 가득 차 있다. '뱀'이라고 생각했는데 사실은 '새끼줄'인 것 같은 경우는 꽤 흔하다. 이렇게 인간의 이성으로 파악된 세계가 '표상으로서의 세계'다. 우선 감각기관으로 받아들인 정보들은 지성을 통해 다시 만들어진다. 그것이 바로 직관이다.

쇼펜하우어는 "태양이 떠오르면 세계가 시야에 드러나듯 지성은 그것의 유일무이하고 단순한 기능을 통해 어렴풋하고 무의미한 감각을 단번에 직관으로 바꾸어 버린다"고 말한다. 인간의 감각기관인 눈, 코, 손으로 지각된 것은 질서가 없는 혼돈이다. 이런 정보들은 직관을 통해 시간과 공간으로 분류되고 원인과 결과로 파악된다. 우리가 세계를 파악하는 것은 순수한 세계 자체가 아니라 우리의 지성이 변형한 세계다. 지성이 작용해 이 세계가 마치 원인과 결과가 있는 것처럼 보인다.

칸트가 본 지성은 인도의 '마야의 베일'과 같다. "지성은 물질이라는 표상, 즉 작용 속에서 공간과 시간을 결합하기 때문이다. 표상으로서의 이 세계가 지성에 의해서만 존재하듯이 지성에 대해서만 존재한다." 칸트의 주장에 따르면 우리가 인식하는 세계는 우리의 마음에 의해 만들어진 세계, 즉 일체유심조一切唯心造다. 인간의 지성으로는, 또 마야의 베일로는 세계의 본질을 알 수 없다. 이 세계의 본질은 의지이며, 우리는 의지가 드러난 표상만을 세계로 인식한다.

그러나 쇼펜하우어는 지성으로 인식할 수 없는 세계는 신체로 느낄 수 있다고 말한다. 왜냐하면 우리의 신체 자체가 그런 욕망을 객관화하기 때문이다. 우리의 신체가 갖는 욕망은 바깥의 실재하는 대상을 지향한다. 예를 들어 목마름은 바깥에물이 있다는 것을 알려주고, 배고픔은 음식을 찾게 하며, 성욕은 종족 보존을 위해 짝을 갈구하게 한다.

우리의 정신으로 파악할 수 있는 것은 원인과 결과일 뿐, 그 바탕은 알 수 없다. 이성은 우리 삶의 목적과 원인을 찾아내려 하지만, 우리 삶이 반드시 목적 때문에 욕구하는 것은 아니다. 먼저 욕구가 있고, 그다음에 목적이 생겨난다. 가령 우리는 맹목적으로 삶을 욕구하며, 그것에 대한 삶의 이유와 목적과 정당성을 나중에 찾는다.

욕망을 긍정하라

우리는 소망하는 것을 구체적으로 알고 있지만, 일반적으로 그 대상을 알지는 못한다. "모든 개별적 행위에는 목적이 있지만, 전체 의욕에는 목적이 없다." 성공, 부, 출세 등 겉으로는 인생의 목적이 뚜렷해 보이지만 그것을 가능하게 하는 삶에 대한 의지는 잘 인지되지 않는 경우가 많다는 것이다. "이 세계는 의지의 객관성이자 의지의 드러냄이며 의지의 거울"이다. 그러나 우리가 인식할 수 있는 것은 삶의 의지 그 자체가 아니라, 그것이 드러내는 여러 가지 현상뿐이다. 각자는 삶의 목적이 있지만 삶의 본질인 욕망에는 목적이 없다. 즉, 맹목적이다. 살려는 욕망에는 목적이나 이유가 없다. 그냥 영원히 존재하고 싶은 본성뿐이다.

도덕적 존재인 인간은 먼저 이 세상의 사물을 인식하고 난 뒤 행동을 결정한다. 새로운 인식에 따라 자기의 행동을 바꿀 수 있다고 믿는다. 가령 어떤 사물을 '선'하다고 '인식'한 다음 그 결과 '의욕'한다. 그러나 쇼펜하우어는 거꾸로 사물을 먼저 의욕하고, 그 결과 그것을 '선하다'고 해야 한다고 주장한다. 즉, 의욕이 인식보다 먼저라는 것이다. 과거의 전통을 뒤집는 쇼펜하우어의 주장에서 보면 의지는 근원이고 인식은 의지의 도구다. 욕망이 먼저고 이성은 나중에 보조역할을 한다는 것이다. "의지가 최초이자 근원적인 것이고, 인식은 단순히 덧붙여져 도구로서 의지의 현상에 속한 것이다."

인간의 본성은 바로 의지와 성격으로 이루어진다. 의욕이 그 사람의 기본 성격을 이루며, 나중에 경험이 쌓이면 거기에 인식이 덧붙여진다. 따라서 우리가 욕망하는 것은 자신의 의지에 따라 결정되는 것일 뿐 '인식 작용'이나 그 결과에 따르지 않는다. 쇼펜하우어에 따르면 인생을 즐겁게 사는 방법은 각자 자기의 욕망을 긍정하는 것이다. 자유의지를 새롭게 해석한 것이다. 본래 철학에서 의지의 자유는 인식의 빛에 따라 살아가는 것을 말하지만, 쇼펜하우어는 인식에 앞서는 욕망에 따라 사는 것을 강조한다.

의지의 자유는 인간의 모든 인식에 앞선 그 자신의 작품이고, 이 인식은 그 작품을 비추기 위해 부가된 것에 불과하다. 따라서 우리가 인간의 본질을 인식한 뒤 어떤 존재로 규정하거나 결정할 수 없다. 인간은 각자의 개성에 따라 다른 사람이 될 수 있다. '인간은 자신이 인식하는 것을 의욕'하지 않고 자신이 먼저 '의욕'한 것을 나중에 '인식'한다. 욕망이 이성에 앞선다는 것이 쇼펜하우어 행복론의 핵심이다.

신이 없는 세상을 사는 법

Nietzsche

"신은 죽었다Gott ist tot!" 니체의 유명한 말이다. '신'이 없으니 이제 인생을 마음대로 악하게 살아도 괜찮다는 뜻일까? 신은 전지, 전능, 전선이라는 특징을 모두 갖춘 초월의 존재다. 그런 신이 사라지면 인간의 모든 가치 기준도 없어진다. 니체에 따르면 성서의 앞부분에 나오는 '창조론'은 신이 인간의 지식에 대해 얼마나 큰 공포를 갖는지를 보여 준다. 신은 인간이 지혜로워지는 것을 원하지 않았다. 인간이 지혜로워지는 것은 신과 사제에게 위험한 일이다. 많이 알수록 종교를 믿지 않게 되기 때문이다.

니체가 신을 죽인 이유

신이 인간을 창조한 이유는 지루함 때문이다. 그래서 신에게 즐거움을 주기 위해 만든 인간이지만 나중에는 인간 역시 지루함을 느낀다. 이런 고민에 대한 해법으로 신은 다른 동물을 창조했다. 그러나 이것은 '신의 첫 번째 실책'이다. 왜냐하면 인간은 동물에 대해 전혀 흥미나 재미를 느끼지 못했기 때문이다. 인간은 동물을 지배하면서도 정작 자신은 동물로 살고 싶지 않았다.

신은 인간의 참을 수 없는 따분함을 없애기 위해 여자를 창조했다. 이것이 '신의 두 번째 실책'이다. 왜냐하면 '뱀'이자 '하와'인 여자에게서 모든 '지식'과 '악'이 나오기 때문이다. 인간은 여성(이브)을 통해 '인식의 나무(선악과)'를 맛보는 법을 알게 되었고, 이로써 신은 인간에 대해 두려움을 느꼈다. 나중에 신은 인간을 만든 것 자체가 가장 큰 실책이라는 것을 알게 된다. 인간이 지식을 통해 결국 신과 동등한 위치를 갖게 되었기 때문이다.

인간이 지적으로 발전하면 신과 사제의 지위가 무너지게

될 테니 인간이 지혜로워지는 것은 금지되었고, 따라서 인간의 지식은 모든 죄의 원인이다. 성경의 첫 번째 말씀은 인간은 "인식해서는 안 된다"는 것이며 선과 악에 대한 규정은 나중에 덧붙여졌다.

인간이 점점 똑똑해지는 것을 막기 위해 신은 아담과 이브를 낙원에서 추방했다. 낙원에서 편안해지면 인간이 생각할 여유를 갖게 되기 때문이다. 그래서 인간에게 여러 가지 고난을 줌으로써 생각할 기회를 없애 버렸다. 죽음, 임신, 노화, 질병 등 모든 고통은 인간이 영민해지는 것을 막기 위한 방법이지만, 실패했다. 민족을 갈라놓고 전쟁을 통해 서로 죽이게 함으로써 인간의 생각하는 능력을 억눌렀지만, 인간이 쌓은 지식의 건축물은 점점 높아만 갔다.

인간이 지혜를 얻을수록 사제와 신에게서 멀어질 것이므로 신은 최후의 결단을 내린다. "인간이 지적으로 되어 버렸다. 어떤 것도 소용이 없다. 인간을 익사시키지 않으면 안 되겠다!" 신은 마지막 단계에서 노아의 방주를 통해 인류를 멸종시키기로 결정한다. 니체의 성경 해석에 따르면 더 많은 지식을 가질수록 인간은 신에 대한 믿음을 버릴 수밖에 없다. 지식은 신앙에 대립한다. 따라서 사제 입장에서는 인간이 우둔한 채로 남아야만 종교의 권위를 유지할 수 있다. 인간을 불행하게 만들어야만 생각할 여유와 능력을 빼앗을 수 있기에 이 세상에 많은 고통이 생겨났다는 것이다.

인간이 신을 생각해 낸 이유는 삶에 아무런 목표가 없었기 때문이다. 수많은 고통을 겪었으나 인간이 가장 참을 수 없는 것은 왜 존재하는지에 대한 이유를 알지 못한다는 점이다. 인간은 고통 자체보다 '무엇 때문에 고통스러워야 하는가'라는 질문의 답을 얻고 싶었다. 인간이 견딜 수 없는 것은 고통 자체가 아니라 고통의 '무의미'다. 그래서 동물과 마찬가지로 느끼는 배고픔의 고통보다는 왜 먹지 않으면 안 되는지 알고 싶은 것이다.

존재의 의미가 중요하므로 목적과 의미가 분명한 고통은 충분히 바랄 만한 가치가 있다. 순간의 향락과 같은 의미 없는 쾌락보다 희생과 연민 같은 의미 있는 고통을 선택할 수 있다. 존재의 의미를 찾는 과정에서 인간은 신을 최고의 존재로 생각하게 되었다. 실재하지 않는 신을 만들어 냄으로써 왜 존재하는지, 왜 살아야 하는지에 대한 답을 찾아낸 것이다. 결국 신은 인간이 지어낸 거짓말이지만 인간의 삶에 유용한 역할을 했다. 풀지 못한 삶의 고통에 대한 통찰을 주었기 때문이다. 그 덕분에 고통의 무의미를 견딜 수 있었다.

그리스도교는 많은 오류가 있는 종교지만 인간을 무의미의 고통에서 구하는 데 기여했다. 여기서 신의 존재 여부와 진리의 옳고 그름은 중요하지 않으며, 진리를 찾으려는 인간의 욕구만이 충족된다. 인간은 참과 거짓을 떠나 자기 삶의 공허함이 채워지길 바란다. 인간은 존재의 의미에 대한 해답을 찾는 과정에서 신을 만들어 냈고, 그것을 통해 존재의 의미를 채울 수 있었다. 신이라는 실재하지 않는 존재를 통해서라도 불합리한 삶의 고통에 의미를 부여하고 싶었던 것이다.

그리스도교는 모든 삶의 고통을 죄에 빗대어 해석하며 삶에 적대적인 금욕주의 윤리를 말한다. 이런 잘못된 해석 덕분에 인간의 삶은 역설적으로 하나의 의미를 갖게 되었다. 사실 인간은 어디를 향해 가며, 무엇 때문에, 그리고 무엇으로 살아가는지에 대한 진실은 중요하지 않다. 정답이 아닌 오답이라도 진리에 대한 갈증만 채워지면 되기 때문에 신은 인간에게 영원한 안식처가 되었다. 잘못된 해석일지라도 삶에 의미를 채워주는 충만함이 공허함보다 낫다는 것이다. 거짓이라고 배척하기보다 인간의 삶에 유용하다면 거짓도 허용하는 것이 그리스도교의 본질이다.

새로운 가치를 창조하는 이들

니체는 "신이 죽었다"고 선언하면서 '신이 진리'라는 과거의 모든 주장을 거부한다. 니체의 무신론에 따르면 "천 년간 낡아빠진 신앙"에서 "신 자체가 우리의 가장 오래된 거짓말"로 드러났기 때문이다. 니체는 인간이 신이라는 허상에서 벗어나는 정신의 변화를 세 단계로 구분한다. 여기에서 인간은 낙타와 사자를 거쳐 어린아이가 된다.

첫째는 낙타의 단계다. 낙타는 짐을 싣고 사막을 건너가는 동물이다. 타인이 등에 짐을 실어주면 아무런 불평도 하지 않고, 어떤 짐인지 궁금해하지도 않으며 잘 견딘다. 낙타의 이런 정신은 타인의 명령과 권위를 맹목적으로 긍정한다. 체념과 공경, 그리고 두려움을 갖고 타인이 얹는 짐을 받아들이며 긍정한다. "너는 마땅히 해야만 한다"는 신의 권위적인 명령에 아무런 반항도 하지 않는 노예 정신이다.

둘째는 사자의 단계다. 낙타가 유순한 초식동물이라면 사자는 사나운 육식동물이다. 사자는 용의 모습으로 나타난 신에 맞서 싸우고자 한다. 신이 "너는 마땅히 해야만 한다"고 말하면 사자는 "나는 하고자 한다"며 반발한다. 용의 비늘은 신이 만든 규율과 규범이다. "모든 사물의 가치는 내게서 빛난다." 왜냐하면 비늘처럼 모든 가치는 이미 창조되었기 때문에 인간은 그것에 따르기만 하면 된다. 사자는 반짝이는 비늘이 상징하는 모든 종교적 가치 규범을 부정한다. 그 대신 '나는 하고자 한다'면서 자기만의 가치를 창조하려 한다. 니체의 '신은 죽었다'라는 선언이 바로 이 사자의 단계에 해당한다.

셋째는 어린아이의 단계다. 낙타가 신의 권위에 '예'로 순응했다면, 사자는 '아니오'를 말할 수 있는 용기를 가지고 있다. 신만이 창조했던 가치를 이제 인간이 할 수 있게 되었다. 그러나 사자는 파괴만 할 뿐 창조할 줄을 모른다. 신의 존재를 부정하는 사자는 아직 '새로운 가치 창조 능력'이 없다. 그래서 가치를 창조하는 자유를 찾기 위해 어린아이의 단계, 즉 초인으로 넘어가야 한다. 신이 죽어 텅 빈 자리에 초인이 등장한다.

차라투스트라는 최고의 깨달음을 통해 자기 성찰을 한 뒤 이렇게 외친다. "모든 신은 죽었다. 이제 우리는 초인이 등장하기를 바란다." 초인과 신은 동시에 존재할 수 없다. 신이 모든 가치를 창조했다면 초인이 할 일은 없기 때문이다. 그러니 초인이 가치를 창조하기 위해서는 신이 존재해선 안 된다. 만약 신이 존재한다면 차라투스트라가 신이 아니라는 사실을 견딜 수 없기 때문이다.

신과 같은 '불멸의 존재'는 비유와 '억측'에 불과하다. 앞으로 가치를 새롭게 창조하는 자는 그 의미를 부여하고 미래를 약속하는 자다. 신이 아니라 이제는 창조하는 자가 어느 것이 선이고, 어느 것이 악인지를 새롭게 결정한다. 이제 더 이상 신이 만든 가치의 목록은 유효하지 않다.

허무주의에서 우리를 구원해 줄 사람은 바로 미래세대이며, 앞으로 가치를 창조할 그 미래의 인간은 무신론자다. 이제 오래된 가치의 목록은 부수고 새로운 인간에게 맞는 새로운 가치를 세워야 한다. 그런 가치만이 인간의 의지를 자유롭게 한다. 미래의 인간은 "대지에는 목표를, 인간에게는 희망을 되돌려준다. 안티크리스트이자 반反허무주의자, 신과 허무를 극복한 자. 그는 언젠가 올 수밖에 없"다.

신의 거짓말을 믿지 않는 무신론자가 미래의 초인이 될 자격이 있다. 새로운 가치를 만드는 것은 "현실에 구원을 가져다주는 자, 더 젊은 자, 더 미래에 있는 자, 더 강한 자인 차라투스트라(무신론자)에게만 허용된 권리"다.

CHAPTER
II

원하는 대로 살 수 있을까
(욕망)

욕망의 균형을 잡는 법

Schopenhauer

쇼펜하우어의 행복은 욕망의 중심을 잡는 데 있다. 따라서 최대 결핍이나 최대 만족을 피해 적당한 만족의 지점을 찾아야 한다. 인간의 욕망은 끊임없이 결핍과 만족 사이를 오가기 때문에 영원하거나 지속되는 행복의 감정은 존재하지 않는다. 가령 우리는 곁에 사람이 없으면 외로움과 고독감에 시달려 어떻게든 누군가를 만나려 하지만, 막상 주변에 사람이 많아지면 관계에서 비롯되는 여러 가지 문제들로 이내 피로감을 느낀다. 관계든 다른 무엇이든 지나친 욕심은 결국 화를 불러올 수 있기에, 모든 욕망에는 적당한 균형이 필요하다.

타인의 허영심을 채워주어라

욕망의 균형을 잡으려면 첫째, 자신을 너무 돋보이게 해서는 안 된다. 사람들이 '허세'를 싫어하는 이유는, 그것이 자기의 약점이 드러날까 봐 두려워 자기 자신을 속이는 행위이기 때문이다. 이런 기만은 자신을 솔직하게 드러내지 못하는 '비겁함'이라고 할 수 있다. 또한 자신을 자기가 아닌 다른 모습으로 꾸며 실제보다 더 좋게 보이는 속임수이기 때문에 "자기 자신이 스스로에게 내리는 유죄 선고"나 다름없다. 무엇이든 있는 척하는 행위는 실제로 갖고 있지 못하다는 결핍을 표현하는 것이다. 예를 들어 부, 신분, 권력, 인기, 지식, 학식 등을 자랑하는 것은 바로 자기가 그 부분이 부족하다는 것을 실토하는 어리석은 짓이다. 실제로 돈이 많은 사람은 겉으로 부를 드러내지 않고 오히려 덤덤하다.

허세를 통해 보여 주는 우월감은 실제로는 열등감의 발로다. 홉스의 말처럼 "모든 큰 기쁨과 좋은 기분은 자신과 비교해 상대적으로 자신을 높게 생각하게 해주는 사람을 주변에 갖고 있다는 데" 있다. 따라서 잘났다고 뻐기는 사람 주위에는 시기하는 사람이 많다. 잘난 척할 때마다 그 사람들은 자존감에 상처를 입는다. 주변 사람들에게 상대적 박탈감을 느끼게 하는 사람은 상대방을 불행하다고 느끼게 해 그 사람 곁에 가까이 가고 싶지 않게 만든다. 누군가와 비교해 생기는 행복감은 결코 오래가지 않는다.

쇼펜하우어는 "인간에게 허영심을 만족시키는 것 이상의 기쁨은 없다. 그 어떤 상처도 허영심에 상처를 입었을 때처럼 아프진 않다"고 말한다. 허세는 거짓된 자기 모습을 드러내는 적극적인 행동이다. 그러나 허세 뒤에 숨긴 열등감은 쉽게 눈에 띄고, 허세의 가면은 곧 벗겨지게 마련이다. 세네카는 『관용에 대하여』에서 "아무도 오랫동안 가면을 쓰고 있을 수 없다. 아무리 가려도 본성이 드러나게 마련이다"라고 말한다.

둘째는 오히려 못난 척하는 것이다. 좋은 인간관계를 위해 못난 척하는 것이 더 지혜로운 방법이다. 잘난 사람보다 못난 사람이 더 인기가 많다. 똑똑하더라도 모르는 척하는 것이 남의 허영심을 충족시키는 좋은 처세술이다. 인간은 본능적으로 '기분 좋은 우월감'을 주는 사람을 찾기 마련이다. 우월감은 비교를 통해 상대적으로 만들어지는 감정이다. 외모와 키 등의 겉모습도 고려하지만 정신적 능력도 비교한다. 키가 크고 잘생겼다고 해서 남보다 우월하다고 생각하는 것은 아니며, 외모와 지성 모두를 남들과 비교해 자신의 가치를 평가한다.

쇼펜하우어는 남자와 여자의 경우를 구별한다. 남자는 지성을 중요하게 보고, 여자는 외모를 더 따진다고 한다. 남자들 사이에서는 "정신적 특성이 현저히 떨어지는 사람"이, 여자들 사이에서는 "미모가 확연히 떨어지는 사람"이 더 인기 있다. 바꿔 말하면 남자들 사이에서는 '멍청하고 무식한 사람'이, 여자들 사이에는 '못생긴 사람'이 좋은 평판을 받는다.

사람들은 자기만 똑똑한 척, 아는 척하는 '정신적 우월감'을 가진 사람을 싫어한다. 그런 지적인 자만심은 자신을 고립시킨다. 빼어난 아름다움을 가진 여성의 경우 남과 어울릴 기회가 적다. 늘 돋보이고 싶어 하는 사람은 자기보다 뛰어난 미인을 옆에 두려 하지 않기 때문이다. '좋은 사람'이라는 평판을 얻으려면 다른 사람보다 더 낮은 자세를 취해야 한다. 자신을 높이면 상대방은 떠나간다. 남이 자기에게 다가오도록 하려면 자신의 장점이 아닌 열등함을 보이는 편이 낫다. 사람은 자신보다 못한 사람에게 더 친절한 법이다.

침묵이 현명하다

셋째는 자신의 비밀을 절대 말하지 말라는 것이다. 남에게 자신의 속마음을 털어놓는 '솔직함'은 자신을 자랑하기 위한 '사욕'에서 나온 '허영심'이다. 처음 만나 잘 모르는 사람에게 속내를 말하는 것은 자신의 '태만'함을 드러내는 행동이다. 친밀한 관계에서도 솔직함이 무조건 좋은 것은 아니다. 그동안의 신뢰와 의리가 깨지는 곤란한 상황이 생길 수 있다.

적이 알아선 안 되는 비밀은 친구에게도 말하지 않는 것이 좋다. 친구에게 비밀을 발설했다가 적보다 더 나쁜 관계가 될 수도 있다. 자신의 속마음을 보여 주면 안 되는 이유는 "우리 본성에 깃든 수많은 사악한 면과 야수적인 면을 은폐"할 필요가 있기 때문이다. 인간의 본성은 악하다. 남이 잘되면 배 아파하고 남이 실패하면 기뻐하는 악마적인 마음이 있다. 따라서 나의 비밀을 지켜야 하는 이유는 자신의 좋지 않은 점을 감춰야 하기 때문이다.

또한 다른 사람의 사적인 이야기를 듣더라도 모른 척해야 한다. 자신의 속마음을 있는 그대로 보여 주는 친구의 말은 비밀로 여겨야 한다. 친구의 비밀도 남에게 발설해선 안 된다. 자기의 눈으로 직접 본 것이 아니라면 모른 척해야 한다. 남의 비밀을 성급하게 털어놓다 보면 나중에 밝혀질 진실에 의해 곤란한 일이 생길 수 있다. 우정, 사랑, 결혼 등으로 아무리 친밀한 관계를 맺고 있어도 인간은 자신의 속마음을 보여선 안 된다. 인간은 자기 '자신'과 '자식'에게만 완전히 정직할 수 있다.

넷째는 아무와 말을 섞지 말라는 것이다. "침묵은 현명함의 문제고, 말은 허영심의 문제다." 남보다 우월하게 보이려는 허세를 분별력 있게 통제하려면 말보다 침묵이 더 낫다. 말은 '일시적인 만족'을 가져다주지만 침묵은 '지속적인 이익'을 가져다준다. 하고 싶은 말을 하고 나면 잠시 속이 후련해진다. 그래서 허물이 없다고 생각되면 자신의 속마음을 그대로 보여주는 사람들이 많다. 하지만 생각과 말 사이에 커다란 틈을 두는 것이 현명하다. 사람을 너무 쉽게 믿고 멋대로 자기의 생각을 말하는 것은 사실 아무런 생각이 없는 것과 마찬가지다. 상대방이 나를 쉽게 믿지 않을 것이라는 의심을 해야 생각과 말 사이에 거리가 생긴다.

침묵할 때와 말할 때를 구분하고, 대화 상대를 꼼꼼하게 골라야 한다. 그 기준은 상대방이 합리성, 수치심, 분별력을 갖고 있는지에 달려 있다. 권위로서 명령하는 사람이 아니라 근거로서 논증하되 늘 상대방의 논거에 귀 기울이고 동의할 준비가 되어 있는 사람이어야 한다. 비록 적수에서 나온 진리라도 정당한 근거가 있다면 인정할 줄 알아야 하며, 자신의 근거가 잘못되었을 때는 그 오류를 인정할 수 있는 사람이어야 한다.

쇼펜하우어는 이런 기준으로 본다면 "논쟁할 만한 자격이 있는 사람은 100명 중 한 명" 정도일 것이라고 말한다. 이런 기준에 들지 않는 사람은 아무런 생각 없이 자신의 허세, 비밀을 말하고 싶은 대로 떠들어댄다. 무지하게 행동하는 것 또한 인간의 권리이니 내버려둘밖에. 그러나 살다 보면 침묵이 현명할 때가 훨씬 많다. 아랍의 금언에 이런 말이 있다. "침묵의 나무에는 평화의 열매가 맺힌다."

그냥 웃어넘겨라

Nietzsche

사람들은 철학자를 상대로 진리를 추구하는 사람이니 늘 엄숙하고 진지한 태도를 지녀야 한다는 편견을 가지고 있다. 학자들을 상대로 대개 그런 편견을 가지고 있긴 하지만 철학자에게는 특히 더 그런 것 같다. 플라톤은 '웃음'을 철학의 영역에서 금지한 철학자로도 유명하다. 아테네 시민에게 영혼을 배려하라고 호소한 철학자를 아무도 비웃을 수 없었다. 플라톤처럼 지혜를 진정으로 사랑하고 깊이 사유하는 자는 낄낄대거나 시시덕거리지 않는다. 철학적 진리는 그런 농담의 대상이 될 수 없기 때문이다.

웃음은 신성하다

웃음이 정말 해로울까? 플라톤이 세운 학원 아카데미아는 웃음을 참아야 하는 엄숙한 분위기였다. 웃음은 이성의 능력을 방해하는 감정이다. 웃다 보면 판단이 흐려지고 자제력을 잃기 때문이다. 그래서 희극을 경멸했고, 웃음을 가장 낮은 단계의 감정으로 깎아내렸다. 따라서 웃음을 주는 문학작품을 쓰는 시인, 익살꾼, 재담꾼도 허용하지 않았다. 철학적 논쟁이 이루어지는 곳에서는 웃음을 자극하는 일이 금지되었고, 철학자가 추구하는 진리는 세속적 즐거움과는 관계가 없었다. 철학자는 너무 슬퍼해도 안 되며 너무 웃어도 안 된다.

웃음의 유혹에 넘어가지 않아야 하는 이유는 웃음의 해로움 때문이다. 이데아를 인식할 때 웃음은 마음의 격렬한 동요와 변화를 가져올 수 있다. '서양철학은 플라톤의 각주脚註에 불과하다'는 말이 있듯이 플라톤의 지위는 확고하다. 그래서 '철학자는 웃지 않는다'는 플라톤의 전통은 후대에도 계속 이어졌다. 웃음에 대한 이런 억압은 움베르토 에코의 소설 『장미의 이름』에도 등장한다. 수도원의 성직자가 '희극'을 다룬 아리스토텔레스의 『시학』 제2권을 세상에 드러나지 않도록 한다는 내용이다. 『시학』 제2권을 희극으로 가정하고, 그리스도교가 인간의 자연스러운 웃음을 어떻게 억압했는지를 보여 준다. 그리스도교 입장에서는 웃음이 신성을 제거하는 요소로 간주될 수 있다. 인간이 웃는다는 것은 하나님의 신성을 부정하는 불경한 행위이기 때문이다.

그러나 니체는 플라톤의 철학에서 추방된 웃음의 의미를 되찾는다. 진지함, 엄숙함, 뻣뻣함으로 감춰진 철학자의 권위를 웃음으로 깨고자 한 것이다. 니체는 기존의 모든 가치를 상대로 화내지 말고 웃으며 대응하라고 말한다. 예를 들어 누군가 신이 존재한다고 주장한다면, 그것에 대해 화를 내며 감정적으로 대응해선 안 된다. 신이 존재하지 않는다는 반론을 내세우는 것보다 그냥 웃어넘기는 것이 더 낫다는 말이다. 신에 대한 공포가 없다면, 그냥 웃어넘긴다면 신앙도 존재할 수 없게 된다. 신에 대해 비웃는 자는 신을 더 이상 믿지 않고 천국과 지옥에 대해 아무런 의미를 두지 않는다. 신을 향한 두려움이나 진지함이 없으면 종교의 권위도 사라진다.

니체는 우리를 몰락으로 이끄는 무거운 정신을 악령으로 비판한다. 인간의 존재를 무겁게 하는 모든 도덕규범과 목적을 없애려면 웃어야 한다. 인간의 삶을 고달프게 짓누르는 무게에서 벗어나기 위해서는 춤추는 무용수가 되고 하늘을 나는 자유로운 새가 되어야 한다.

> 나는 춤출 줄 아는 신만을 믿을 것이다. 그리고 내가 나의 악마를 보았을 때 나는 그가 진지하고, 철저하고, 깊고, 엄숙하다는 것을 알았다. 그것은 무거움의 악령이었다. 그를 통해 모든 것이 떨어지고 만다. 사람을 죽이는 것은 화가 아니라 웃음을 통해서다. 자, 중력의 악령을 죽여보자!

니체에게 웃음은 곧 진리다. 이제부터 진리는 엄숙함에서 생기지 않고 웃음에서 생겨난다. 매일 춤을 추면서 진리는 몸을 통해 확인된다. "한 번도 춤추지 않았던 날은 잃어버린 날이라고 생각하는 것이 좋다. 하나의 큰 웃음도 불러오지 못하는 진리는 모두 가짜라고 불러도 된다." 춤을 추며 자신을 넘어 웃는 법을 배워야 한다. 웃음은 이 세상에서 가장 '신성한 것'이다. 플라톤처럼 함부로 경멸하거나 추방할 이유가 없다.

차라투스트라는 "웃는 자의 왕관, 이 장미 화환의 관, 내 형제들이여, 나는 이 왕관을 그대들에게 던진다! 나는 웃음이 신성하다고 말했다. 그대들보다 높은 인간들이여, 내게 배워라, 웃음을!"라고 말한다.

웃을 수 있는 용기

우리에게 웃음은 어떤 의미일까? 자신이 원하는 무언가를 성취했을 때 웃는 웃음은 진짜가 아니다. 만약 그게 진짜 웃음이라면 이 세상은 성공한 사람만이 웃을 자격이 있을 테니 말이다. 니체가 말하는 웃음은 모든 목적과 규범을 넘어서고, 고독과 질병을 이겨내는 가운데 자연스럽게 생겨난다. 차라투스트라는 자신에게서 웃는 법을 배우라고 하면서도, 각자 다른 방식으로 웃게 된다고 말한다. 우리가 웃어넘겨야 하는 것은 삶을 무겁게 하는 모든 중력의 악령이다.

그래서 차라투스트라는 "낮에 열 번씩 웃고 명랑해야 한다"고 말한다. 그렇지 않으면 밤에 위통에 시달릴 것이라고 경고

한다. 또 많이 웃을수록 숙면할 수 있다고 강조한다. 웃을 이유가 없어도 누구나 당당하게 웃을 권리가 있다. "내가 옳다면 무슨 상관이냐! 나에겐 너무 많은 권리가 있다. 그리고 오늘 가장 잘 웃는 사람은 마지막에도 웃을 것이다."

우리가 웃어야 하는 이유는 무엇일까? 지구상에서 웃을 이유를 못 찾았다면 그것은 제대로 찾아보지 않았기 때문이다. 웃음의 진짜 이유는 '사랑'이다. 만약 충분히 사랑하는 사이라면 웃음이 저절로 생겨난다. 거기에 미워하는 마음이나 복수심은 생겨나지 않는다. 웃는 자를 미워하는 종교 안에서는 진정한 웃음이 존재하지 않는다. 다시 웃음을 찾기 위해서는 모든 진지함과 엄숙함에서 벗어나야 한다. 어떤 목적에도 종속되지 않는 축제에서 마음껏 춤출 때 나오는 웃음을 통해 우리는 변화할 수 있다.

> 어떻게 인간이 무의미에서 기쁨을 가질 수 있을까? 인간이 세상에 대해 웃음을 터트릴 때가 바로 그런 경우다. 행복이 있는 곳이라면 어디든 무의미에 대한 기쁨이 있다. 경험을 그 반대의 것으로, 합목적적인 것을 무목적적인 것으로, 필

> 연적인 것을 임의적인 것으로 전환하는 것은 인간을 기쁘게 하며, 게다가 어떤 해도 주지 않고 일시적인 즐거움으로만 나타나는 이 과정이 인간을 기쁘게 한다.

일상적인 세계에서 경험하는 모든 속박에서 벗어나 우리를 불안하게 하고 긴장시키는 모든 상황에서 잠시 자유로울 때 우리는 웃음을 터트린다. 웃음은 희망과 기대, 그리고 의식이 사라지는 디오니소스 축제에서 느끼는 삶의 기쁨이다.

인간의 존재를 무겁게 하는 모든 도덕규범과 목적을 없애려면 웃어야 한다. 인간의 삶을 고달프게 짓누르는 무게에서 벗어나기 위해서는 춤추는 무용수가 되고 하늘을 나는 자유로운 새가 되어야 한다.

CHAPTER

12

얼마나 오래 살아야 할까

(긍정)

오래 살고 볼 일이다

Schopenhauer

나이 서른만 넘어도 어른이라고는 하지만 사실 마흔 이전까지는 인생의 의미를 모른 채 수많은 시행착오를 겪는 시간이라고 할 수 있다. 마흔이 넘어가면 그제야 슬슬 그동안 쌓아온 자기의 경험에 의미를 덧붙이게 된다. 지금껏 관계를 맺어온 사람들의 진짜 모습이 어떤 것인지도 알게 되고, 나의 성과에 대한 평가도 이뤄진다. 더러는 삶에 대한 기대와 희망이 환영에 지나지 않았다는 사실을 깨달으며 실망하기도 한다. 그래서일까. 쇼펜하우어는 "우리 인생의 처음 40년은 본문을 제공하고, 그 다음 30년은 그것에 대한 주석의 성격을 지닌다"고 말한다.

존경받는 어른이 되고 싶다면

쇼펜하우어는 인생을 유년기, 청년기, 장년기(노년기)로 구분한다. 그리고 40세 이후가 되면 퇴행만을 경험하는 것이 아니라 정신적 성숙이 함께 이루어진다는 점을 강조한다. 유년기에는 외부의 새로운 것에 자극받아 '인식 작용'에 몰두하게 된다. 따라서 시나 문학을 접하며 감동받는 일이 많다. 삶이 늘 새롭고 희망으로 가득 차 행복으로 넘친다. 사물의 객관적인 면은 잘 파악하지만, 그 이면의 주관적 측면인 고통과 슬픔에 대해서는 아직 잘 모르기 때문에 행복이 넘치는 상태다. 즉, 눈앞의 세계를 에덴의 동산으로 여긴다.

청년기는 의욕과 욕망, 충동이 생겨나면서 세상의 고통을 알게 되는 시기나. 청년기가 슬프고 불행한 이유는 반드시 행복한 인생을 살아야 한다는 확고한 믿음 때문이다. 뜻대로 되지 않는 인생에 불만족한 젊은이는 그 원인을 환경 탓으로 돌린다. 무지개를 잡으려는 젊은이의 큰 의욕은 고통을 낳고 깊은 환멸을 경험하게 만든다.

장년기(노년기)인 인생의 후반기가 되면 인간은 '행복은 환영이고 고뇌는 현실'이라고 인식하면서 고통 없는 확실한 상태를 추구한다. 노년기에는 세상에서 얻을 수 없는 것이 있다는 사실을 인지하며 고통을 잘 견디는 법도 배운다. 더욱 성숙한 관점에서 세상의 공평함을 알고, 사물을 더욱 객관적으로 바라볼 수 있는 지혜와 통찰을 갖게 된다.

흔히 청춘을 인생의 가장 행복한 시기로, 노년기를 불행한 시기로 생각하지만 쇼펜하우어의 생각은 그 반대다. 오히려 젊을 때 지나친 열정과 기대, 희망에 끌려다니다가 더 많은 고통을 겪는다. "청년기의 고유한 특징이 우울함과 비애라면 노년기의 특징은 명랑함"이다. 노년이 되어 열정이 식으면 삶에 대한 욕심을 내려놓고 인생을 되돌아보게 된다. 청년기에는 성적 욕망이라는 '악마의 지배'를 받기 때문에 '종노릇'을 하느라 고달프지만 나이가 들면 그런 충동으로부터 지극히 자유롭다. 나이가 들면 열정의 힘을 잃는 대신 지혜의 힘을 얻는다. 젊을 때는 삶의 의욕이 너무 강해 쉽게 절망하지만 나이가 들면 자신의 고집을 꺾고 세상에 순응하는 부드러움을 체득한다.

그러나 나이가 들면 감각적인 향락을 추구할 능력이 없다

보니 보상 심리로 헛된 명예를 탐하려는 경우가 종종 있다. 특히 만년에 허영과 교만을 갖는 것은 과거에 누렸던 특권을 다시 찾고자 하는 탐욕에 지나지 않는다. 따라서 나이가 많다고 저절로 존경받는 것은 아니다. 자신이 존경받을 만한 사람인지는 자신의 삶의 궤적을 통해서만 보여줄 수 있다. 단순히 오래 산다는 기준으로 존경을 받는다면 인간보다 더 오래 산 동물이 더 많이 존경받을 것이다.

"나이만으로는 연장자를 존경해야 할 충분한 근거가 되지 못하며 세상사를 더 자세히 알고 있다는 경험만으로"도 존경받기는 어렵다. 나이가 들면 몸이 병들고 약해지기 때문에 보살핌이 더 필요해진다. 나이가 들어 지혜로워진다고 해서 당연히 젊은이들로부터 존경의 대상이 된다고 생각해선 안 된다.

오래 살면 위대한 분별력이 생긴다

오래 살아봐야 인생을 알게 되고, '위대한 분별력'이 생긴다. 쇼펜하우어에 따르면 인생을 살아가는 데에는 추상적인 원칙

(개념)과 구체적인 원칙(본능) 두 가지가 필요하다. 둘 중 어느 것이 옳은지는 오래 살아야만 알 수 있다. 인간은 충동에 따라 살아가면서 삶에 통일성을 부여하려 하지만 성공하기가 쉽지 않다. 늘 변덕스러운 욕망에 따라 생각도 바뀌므로 "두뇌의 의식만으로 우리의 삶에 균일성과 통일성을 줄 수 없"다. 따라서 인간의 생각이 만들어 낸 도덕규범과 같은 추상적 원칙에 따라 행동하기란 쉽지 않다. 많은 훈련과 시행착오, 그리고 보완이 필요하다.

반면 개인은 누구나 나름의 구체적인 원칙이 있다. "피와 체액에 들어 있는 타고난 구체적 원칙"은 개인이 만들어 온 "사유, 느낌, 의욕의 결과"다. 위대한 사람은 마치 꿀벌이 조금씩 벌집을 만들어 가는 것처럼 자신의 경험을 모으고 모아 삶의 전체를 만들어 나간다. 발타사르 그라시안Baltasar Gracián은 이런 지혜를 "위대한 분별"이라고 부른다. 각자의 삶에 일관성과 통일성을 부여하는 이런 지혜는 본능적으로 자기 자신을 보호하는 큰 힘이 된다. 그렇기 때문에 이 '위대한 분별'이 없다면 인간은 살아갈 수 없다.

젊을 때는 자기의 삶에 이런 원칙이 있는지조차 모르지만,

나이가 들어 지나간 삶을 돌이켜보면 그때 깨닫게 된다. 원칙을 구체적으로 알지도 못했고, 그것이 있는지도 몰랐지만 우리는 늘 그 원칙에 이끌려 살아왔다는 사실을 말이다. 각자의 경험으로 만들어진 자신만의 원칙을 지키는 것이 인간의 행복과 불행을 결정한다. 그러니 많은 경험을 통해 탁월한 원칙을 세우려면 오래, 잘 살고 볼 일이다.

나이가 들어야만 깨닫게 되는 것

Nietzsche

니체에 따르면 모든 철학자는 자신의 나이에 맞는 사유를 한다. 젊을 때 청년기의 열정과 우울을 표현하는 것은 당연하다. 쇼펜하우어의 철학은 바로 "뜨겁고 우울했던 청년기를 반영"한다. 철학자도 자신의 시간을 초월할 수 없다. 따라서 젊을 때 썼던 쇼펜하우어의 글은 나이 든 사람에게 어울리지 않는다. 그러니 "모든 철학은 나이의 철학"이다. 플라톤의 철학도 "삼십 대 중반"의 나이를 나타낸다. 날씨에 비유하자면 '찬 기류와 더운 기류'가 만나 비바람을 만들기도 하지만, 구름이 걷히면 "햇빛 속에서 매혹적인 무지개"가 나타나기도 한다.

미소 지으며 내려놓기

젊은 시절의 철학자는 변덕스러운 날씨만큼이나 기분의 변화도 크다. 따라서 쇼펜하우어가 염세주의 철학을 펼치게 된 이유는 젊을 때 가졌던 자만심이 좌절되었기 때문이다. "재능이 있는 사람들에게는 26세와 30세 사이에 본래적 자만심을 느끼는 시기가 있다. 신맛이 강하게 남아 있는 최초의 성숙기다." 탁월한 감각으로 시와 철학 또는 그림과 음악에 재능이 있는 사람은 자신을 알아주지 않는 사람에게 분노를 느낀다. 그래서 타인에게 존경을 요구할 정도로 교만해지기도 한다.

그러나 나이 든 '노련한 사람'은 그것을 상대로 분노하지 않고 '미소'를 짓는다. 자신의 불운에 대해 화를 내던 아름답던 젊은 날을 회상하며 감동한다. 나이가 들면 젊을 때 가졌던 큰 희망과 기대를 내려놓을 줄 안다. 더 이상 허영심에 휘둘리는 바보가 아니기 때문이다.

젊은 날에 지나친 좌절이나 분노를 느끼는 것은 좋지 않다. "어떤 젊은이는 벌써 이가 빠지고, 다른 젊은이는 눈이 멀게 된다는 사실"에 우리는 연민을 느낀다. 젊음 자체에 그런 절망이 들어 있다는 것을 알기에 우리의 슬픔은 커질 수밖에 없다. 젊은이들이 무엇 때문에 괴로워하는지 늘 관심을 가져야 하는 것은 어른 혹은 나이 든 사람의 의무다. 우리의 미래가 그들에게 달려 있기 때문이다.

그들은 우리가 시작해 놓은 일을 지속해 나가야 하는 사람들이다. 그들이 중도에 포기하면 우리의 미래는 오지 않을지도 모른다. 미래세대가 없다면 우리의 노력은 헛수고로 끝나게 된다. 젊은이에 대한 걱정은 "우리의 불멸성을 제대로 보증해 주지 못하는 것에 대한 탄식"이자 "인류의 사명을 수행하는 사람"이 사라질 수 있다는 것에 대한 염려이기도 하다. 나이가 든다는 것은 젊은이들이 지속 가능한 미래를 만들어갈 수 있도록 그들에게 자리를 내어주는 일이다.

내 마음속 영원한 어린아이

인생은 새순이 돋아나고 꽃이 피고 잎이 지는 자연의 순환과 닮았다. 하지만 인생을 사계절에 비유하는 것은 적절하지 않다. 인생의 최초 20년과 최후의 20년은 어느 계절에도 맞지 않기 때문이다. "최초의 20년은 삶 전반, 즉 일생을 준비하는 시기"이고, "최후의 20년은 이전에 체험했던 모든 것을 전망하고 내면화하며 종합해 가는 시기"다. 마치 한 해의 마지막날에 1년을 되돌아보며 회고하는 것과 같다. 스무 살에서 쉰 살까지의 30년은 계절과 비교할 수 있는 부분이 있다. 그렇더라도 단순히 10년씩 나누어 계산해선 안 되며 각자의 경험에 따라 계절을 세부적으로 나눌 수 있다. 10년은 세 계절, 즉 여름, 봄, 가을에 대응한다.

20대는 인생의 여름이다. "덥고, 짜증 나고, 폭풍우가 치는 날씨와 같고 왕성하게 활동하면서 피곤한 시기다. 하루가 끝나는 저녁이면 그날을 칭찬하며 이마의 땀을 씻는 시기다. 일이 힘들지만 그것이 필요하다고 생각하는 시기다."

30대는 인생의 봄이다. "공기가 금세 너무 따뜻하고 너무 차가워지며, 항상 불안하고 자극적인 시기다. 끓어오르는 수액과 풍성한 나뭇잎, 곳곳에 꽃향기가 나고, 매혹적인 아침과 밤을 갖는 시기다. 새소리에 잠이 깨어 일터"로 나가 진심으로 일하면서 "희망을 즐기며 강해지는 일종의 자기 자신의 힘"을 느끼는 시기다.

40대는 인생의 가을이다. "모든 것이 정지해 있는 것처럼 신비스러운 시기다. 높은 산과 신선한 바람이 불어오는 드넓은 평야를 닮았다. 구름 한 점 없이 맑고 맑은 하늘, 낮에도 밤에도 항상 같은 온유함을 보이는 수확의 시기이자, 마음에서 우러나오는 쾌활함을 가장 많이 느끼는 시기다."

그러나 인간의 삶에 겨울은 없다. 가끔 질병을 통해 겪게 되는 "힘들고 춥고 외롭고 절망적인 불모의 기간을 겨울이라고 생각"하지 않으면 된다. 그래서 니체는 50대를 겨울이라고 단정 짓지 않는다. 아무리 춥고 힘들더라도 우리 인생에서 죽을 정도의 고통은 없다는 뜻이다.

우리는 나이에 맞게 할 일을 구분한다. 10대는 공부하고, 20대는 취업을 준비하고, 30대는 직장을 잡고 결혼을 준비한다. 40대와 50대는 사회에서 가장 활발하게 활동하는 전성기이며, 60대 이후는 사회에서 물러날 시기라고 규정한다. 그러나 니체는 나이에 따라 마땅히 해야 할 일을 구분 짓는 것을 '근시안'적이라고 비판한다. "짧은 인생에서 각 나이가 새로운 그 무엇을 가져오기라도 하는 것처럼, 지나치게 꼼꼼히 나이를 구분하지 않도록 해야 한다."

따라서 사회가 규정한 나이에 걸맞은 역할을 해내지 못한다고 해서 위축되거나 절망할 필요는 없다. 니체는 나이를 뛰어넘어 '영원한 아이'처럼 살 것을 제안한다. "우리는 동화와 게임이 어린 시절의 일부라고 생각한다. 근시안적인 사람들"이 하는 생각이다. 어른이 되면 동화책을 멀리하고 놀이를 하지 않아야 한다고 단정 짓는 것은 오류다. "어린아이는 무죄이자, 망각이며, 새로운 시작, 놀이, 자신의 힘으로 굴러가는 수레바퀴이고, 최초의 운동이자 성스러운 긍정이다."

다 큰 어른의 마음속에도 동화책을 읽고 놀이를 좋아하던 어린아이의 마음이 있다. 니체가 말한 초인은 영원히 늙지 않는 '어린아이'와 같다. 바닷가에서 뛰어노는 어린아이는 자유롭다. 모든 것을 망각해 새로운 출발을 할 수 있으며, 어떤 죄책감도 없이 순수한 존재다. 놀이를 통해 현실을 긍정할 줄만 안다.

40대는 인생의 가을이다. 모든 것이 정지해 있는 것처럼 신비스러운 시기다. 높은 산과 신선한 바람이 불어오는 드넓은 평야를 닮았다. 구름 한 점 없이 맑고 맑은 하늘과 낮에도 밤에도 항상 같은 온유함을 보이는 수확의 시기이자, 마음에서 우러나오는 쾌활함을 가장 많이 느끼는 시기다.

4부

나 자신을 바꾸는 법

CHAPTER
13

나는 누구인가
(본성과 성격)

운명은 변해도 성격은 변하지 않는다

Schopenhauer

인간의 행복은 자신의 관점과 성격에 크게 영향을 받는다. 성격은 타고나는 경우가 대부분이어서 외부의 객관적 세계는 바뀔 수 있지만 주관적 측면인 성격은 변하지 않는다. 외부에 큰 변화가 일어나도 우리의 성격은 한결같으며, 우리는 '자신만의 개성'에서 벗어날 수 없다. 우리는 흔히 우리의 자유의지에 따라 행동한다고 생각한다. 무엇이든 선택이 자유롭고 독립적이기 때문이다. 하지만 그런 이유로 인간의 의지가 자유롭다고 생각하는 것은 착각이다. "모든 개별적 행위는 동기가 성격에 미치는 영향으로 인해 엄밀한 필연성을 지니고 일어"난다.

타고난 성격은 변하지 않는다

모든 사람은 자기의 행동이 자유롭기 때문에 언제든 다르게 살아갈 수 있고, 다른 사람이 될 수 있다고 믿는다. 그러나 인간은 쉽게 바뀌지 않는다. 경험을 통해 자신을 바꾸려 노력하지만 그렇지 않은 현실에 절망하게 된다. "아무리 결심하고 반성해도 자기의 행동을 바꿀 수 없다는 사실과, 태어나서 죽을 때까지 자신이 싫어하는 성격을 그대로" 갖고 살아가면서 "자신이 맡은 역할을 똑같이 해야 한다는 사실"에 놀라게 된다. 같은 실수를 다시는 하지 않겠다고 다짐하지만 결국 다시 반복한다.

'성격'을 그리스어로 '에토스ethos'라고 한다. 아리스토텔레스는 "성격(에토스)이란 단어는 그 명칭을 에토스(풍습)에서 얻었다"고 말한다. 성격이 좀처럼 변하지 않는 이유는 풍습의 특성과 일치한다. 바깥의 세계는 시시각각 바뀌지만 우리의 주관은 바뀌지 않는다. 동물이 자신의 한계를 갖는 것처럼 인간도 자신의 한계를 넘어설 수 없다. 인간의 모든 노력은 자신의 본성에 따른 '좁은 한계'를 벗어날 수 없다.

쇼펜하우어는 “개성에 의해 인간이 누릴 수 있는 행복의 한도가 미리 정해져 있다”고 말한다. 인간 행동이 타고난 성격의 지배를 받는다면 그 사람의 정신력과 감수성, 상상력에 의해 행복이 결정된다. “정신력의 한계에 따라 고상한 즐거움을 누릴 수 있는 그 사람의 능력이 최종적으로 확정된다.” 의지는 아버지로부터 물려받고 지성은 어머니로부터 물려받기 때문에 좋은 유전자를 갖고 태어나지 못하면 평범한 인생을 살 수밖에 없다. 타고날 때부터 자질이 없다면 아무리 노력해도 충만한 행복감을 느낄 수 없다.

“인간은 다 잊을 수 있지만 자기 자신, 자신의 본질만은 잊을 수 없다.” 인간의 모든 행동이 나오는 ‘내적인 원칙’인 “성격은 절대로 고칠 수 없”다. 피하려 노력해도 같은 상황이 되면 또다시 원하지 않는 행동을 할 수밖에 없다. 인간관계도 마찬가지다. 예를 들어 나의 나쁜 행동으로 인해 누군가와 헤어졌다고 해보자. 그런데 그 누군가와 다시 만나게 되더라도 절교의 원인이었던 나의 나쁜 행동을 고치지 못한다. 만남과 헤어짐을 되풀이하는 불행한 상황 속에서도 자신의 잘못된 기질을 끝내 바꾸지 못하는 것이다.

어떤 사람이 가끔 예전과 전혀 다른 모습을 보인다면 일시적인 현상으로 여겨야 한다. 본성상 이기적인 인간은 이해관계에 따라 자신의 신념과 태도를 재빠르게 바꾸기도 하지만, 그렇다고 그의 본성이 바뀐 것은 아니다. 그의 의도된 행위는 기한이 정해진 쿠폰 같은 것이라고 생각해야 한다.

자신의 기질을 받아들여라

사람마다 고통을 받아들이는 능력이 다르다. 행복과 불행이 순간순간 주관적으로 규정된다면 민감한 성격의 사람은 고통을 더 크게 느낄 것이고, 느긋한 성격의 사람은 고통을 덜 느낄 것이다. 성격은 그 사람의 '됨됨이'이자 그릇의 크기라고 할 수 있다. 어떤 사람에게는 심각한 상황이 어떤 사람에게는 사소한 일로 여겨지기도 한다. 또 누군가에게는 부정적으로만 느껴지는 현상을 다른 누군가는 긍정으로 받아들이기도 한다.

인간의 마음은 늘 고통으로 가득 차 있다. 그래서 공간이 남아 있지 않으면 더 이상의 고통은 느껴지지 않는다. "고통을 받아들일 수 있는 우리의 수용력은 지금까지 흩어져 있던 모든 고뇌를 한곳으로 집중시킨 불행에 의해 이미 채워져 있기" 때문에 그 한계를 넘어서면 더 이상 고통이 들어설 자리가 없다. 그릇이 큰 사람은 더 많은 고통을 담을 수 있고, 그릇이 작은 사람은 적은 고통만으로도 힘들어한다.

> 우리를 괴롭히던 큰 걱정이 다행스럽게 끝이 나고 우리의 마음에서 사라지자마자 다른 걱정이 나타나 그 자리를 대신한다. 그것의 모든 소재는 이미 있었지만, 의식이 다른 것을 받아들일 수용력이 없었기 때문에 걱정으로 인해 의식 속에 들어올 수 없었다.

우리의 의식 밖에 있는 고통은 아무런 문제가 되지 않는다. 마음의 근심이 사라지면 그 자리에 다른 고통이 들어선다. 다시 새롭게 느껴지는 고통은 일상을 지배하는 큰 근심이 된다. 방금 사라진 고통보다 크기나 강도가 작다고 해도 처음에는 엄청나게 큰 고통으로 자리 잡아 마음을 무겁게 한다.

그러다가 시간이 지나면 고통의 크기가 작아져 점차 사라지고, 다른 고통이 그 자리에 들어온다. 그래서 인생은 늘 근심과 고통의 연속이다. 이렇게 보면 고통의 많은 원인은 바깥에 있는 것이 아니라 우리 안에 있다는 것을 알게 된다. 우리의 삶은 고뇌의 연속이며 욕망의 참되고 완전한 충족은 불가능하다. 하나의 고통이 끝나면 다른 고통이 들어오기 때문에 적극적인 쾌락을 추구하며 회피하기보다 고통을 견뎌내는 편이 더 현명한 일이다.

우리의 행복을 결정하는 가장 중요한 것은 인격이 갖는 도덕적 탁월함이다. 그래서 세상의 다른 것은 무시해도 인격의 작용은 늘 존재한다. "인간 내면의 모습과 인간이 원래 지니고 있는 것, 즉 인격과 그것의 가치가 행복과 안녕의 유일한 직접적 요인이다. 다른 모든 것은 간접적 요인이다."

우리의 행복에서 가상 중요한 것은 이미 내 안에 들어 있다. 즉, "고상한 성격과 뛰어난 두뇌, 낙천적 기질과 명랑한 마음, 튼튼하고 매우 건강한 신체와 같은 주관적 자산"이다. 바깥에서 자산이나 명예를 얻으려 하지 말고 내가 갖고 있는 자산을 키우고 유지하는 것이 더 중요하다. 많은 불행은 바깥에서 오는 것이 아니라 내 안에서 생기기 때문에 고통을 피하지 말고 받아들일 준비를 해야 하며, 내게 주어진 고통을 견디는 힘을 키워야 한다.

> 의식의 성질은 언제나 변함이 없으며, 개성은 매 순간 많고 적음의 차이는 있어도 지속적이고 항구적으로 작용한다. 반면에 다른 모든 것은 언제나 때에 따라 일시적으로 작용할 뿐이며, 세상의 변화에 덧없이 따른다.

뱀의 껍질을 벗겨라

Nietzsche

니체는 '인간의 성격은 바뀌지 않는다'는 쇼펜하우어의 견해를 받아들이지 않는다. 즉, 지성에 앞서는 의지가 우월하고 성격은 불변하며 쾌락은 소극적이라는 쇼펜하우어의 모든 주장은 오류라는 것이다. 같은 상황에서 늘 같은 행동을 반복하기 때문에 사람의 본성은 쉽게 변하지 않는다는 판단은 고정관념이다. 사람의 성격은 오랜 교육을 통해 새롭게 형성될 수 있다. 오히려 변하지 않을 것이라는 믿음 자체가 하나의 확증편향일 수 있다. '변하지 않는 성격'에 대한 잘못된 믿음은 너무 짧은 기간 인간을 관찰함으로써 나온 판단의 오류다.

좋은 사람이라는 허울

몇천 년이 아니라 몇만 년을 두고 인간을 관찰한다면 인간의 성격 변화를 확인할 수 있을지도 모른다. 인간의 수명이 워낙 짧아 연구하는 데 어려움이 있겠지만, 인간의 삶에 수천 년 동안 영향을 주는 깨지지 않는 불변의 성격이나 '동기'는 있을 수 없다. "만약 8만 살의 인간을 가정해 본다면 그에게서 매우 가변적인 성격을 찾아볼 수도 있을 것이다."

인간의 성격은 교육을 통해 쉽게 길들여지고 변화한다. 인간은 되어 가는 과정에 있다. 이런 점에서 니체는 인간을 '미확정된 동물'이라고 말한다. 즉, 미래를 향해 열려 있는 규정되지 않은 자유로운 존재라는 것이다. 아직 미결정된 상태이기에 인간의 본성은 미래에 의해 결정될 수 있다. 따라서 늘 같은 사람이라고 생각하는 것은 착각이다. 인간은 과거, 현재, 미래로 이어가며 자신의 삶을 계획하고 완성해 가고자 한다. 우리의 정체성은 늘 미래를 향해 새롭게 나아간다. 오늘의 내가 내일의 내가 아니기 때문이다.

인간에게는 미래에 내가 원하는 새로운 나의 모습으로 거듭 태어나고 싶은 욕망이 있다. 그렇기에 인간은 미래적 동물이다. 원래 인간은 다른 동물과 다르게 대담하고 혁신적이며 반항적이고 운명에 대해 도전적이었다. "위대한 자기 실험자이며 최후의 지배를 위해 동물, 자연, 신들과 싸우면서 만족을 모르는 자이자 싫증을 모르는 자, 언제까지나 정복되지 않으며 자기 자신의 충동으로 결코 쉴 줄 모르는 영원한 미래의 존재인 인간은, 그래서 자신의 미래가 가차 없이 박차처럼 모든 현재의 살 속에 파고드는 인간"은 가장 "용기 있고 풍요로운 동물"이었다.

그런데 인간은 "가장 위험하고, 모든 병든 동물 가운데 가장 오래, 가장 깊이 병든 존재"가 되어 버렸다. 그 이유는 자유로운 정신이 잘못된 교육을 통해 타성에 길들여졌기 때문이다. 우리가 흔히 좋은 성격이라고 말하는 것은 후천적으로 만들어진 속박된 정신이다. 인간이 같은 동기로 행동하다 보면 습관이 생겨난다. 본능이 구속에 익숙해지면서 사람들이 말하는 '강하고 좋은 성격'이 된다.

그러나 정신을 속박하는 원칙에 따르다 보면 '선한 양심'이 만들어지는데, 그 결과 선한 양심을 가진 사람들이 '좋은 성격'이라고 칭찬받는다. 니체가 볼 때 성격이 강한 사람은 "지성이 자유롭지 못하고 속박되어" 있기 때문에 행위를 할 수 있는 가능성과 지식이 부족하다.

> 교육 환경은 모든 사람에게 항상 최소한의 가능성만을 부여함으로써 그를 자유롭지 못하게 만들려 한다. 개인은 자신을 교육하는 교육자에 의해 마치 어떤 분명한 새로운 존재이기는 하지만 반복되어야 하는 존재인 것처럼 다뤄진다. 만약 인간이 먼저 알려지지 않은 존재, 한 번도 있었던 적이 없는 존재로 보인다면 그는 이미 잘 아는 존재, 이미 있었던 존재로 만들어져야 한다는 것이다.

허물을 벗고 본성을 마주하라

'좋은 성격'이라고 부르는 것은 관습에 의해 만들어진 구속된 정신이 겉으로 드러나는 것에 불과하다. 우리는 지금과 같이 인간의 정신을 옭아매는 교육을 통해 '제2의 본성'을 갖게 되었다. 그러면서 성숙하고 유용하고 쓸모 있는 덕목을 가졌다고 칭찬한다. 그러나 니체가 볼 때 그런 성격은 벗겨내야 할 '껍질'에 불과하다. "몇몇 소수만이 자신의 껍질 밑에서 제1의 천성이 성숙해진 어느 날 뱀처럼 이 허물을 벗어 던질 수 있다." 그렇게 하면 자신의 첫 번째 본성이 드러나게 되는데, 많은 사람들은 이미 그 첫 번째 본성이 말라 죽어 버렸다.

니체에게 중요한 것은 만들어진 성격이 아니라 그것의 바탕인 인간의 첫 번째 본성이다. "우리는 무의식중에 우리의 기질에 적합한 원칙과 학설을 추구하기 때문에, 결국에는 원칙과 학설이 우리의 성격을 만들고 그 성격에 대해 근거와 확신을 준 것처럼 보인다." 그러나 실제는 정반대다. 사고와 판단이 우리의 본질을 만든 원인이 아니라, 오히려 그런 생각을 가능하게 한 것이 '우리의 본질'이다. 이처럼 우리는 타고난 본성과 습득한 성격을 혼동하고 있다.

그렇지만 많은 사람들이 좋고 강한 성격을 가지고 행동한다. 왜 인간은 마치 일관된 성격을 가진 것처럼 행동하는 것일까? '무의식적인 희극'을 통해 "본질과 사고에서 철저히 일관성 있고 한결같아 보이려는 태만과 안이함, 적지 않게는 허영심의 바람" 때문이다. 그렇게 좋고 강하게 보이는 성격이 타인의 "존경을 얻는 신뢰와 힘"을 주기 때문이다.

쇼펜하우어가 성격이 불변한다고 주장한 근거는 모든 사물이 의지를 갖고 있다는 엉터리에 있다고 본다. 따라서 "만물은 하나의 의지를 갖고 있고, 하나의 의지를 되풀이"함으로써 성격이 그 의지에 늘 영향을 받는다는 것은 잘못된 결론이다. 모든 것을 하나의 의지로 결정하려는 것은 "어리석은 악마를 신으로 섬기려는 것"에 불과하다. "우리의 성격은 체험보다는 특정한 체험의 결핍을 통해 더 잘 규명된다."

니체는 허물을 벗어 던지는 뱀의 지혜가 염세적인 생각을 하는 사람에게 교훈이 될 것이라고 본다. 그렇지만 "변화된 생각이 인간의 성격을 변화시키는 것은 아니다. 만약 그렇다면 아주 조금일 뿐"이다. 그렇지만 타성에 젖은 잘못된 습관은 버려야 한다. 뱀이 허물을 벗어 던질 때 비로소 도덕의 속박에서 벗어나 자유의 세계로 나가듯이, 우리 또한 도덕적 인류에서 현명한 인류로 거듭날 수 있다. 미래로의 길이 열리는 것이다.

CHAPTER
14

몸의 재발견
(신체 vs 정신)

건강한 몸에 건강한 정신이 깃든다

Schopenhauer

쇼펜하우어는 건강을 행복의 가장 중요한 요소로 인정하며, 그 건강을 유지하는 방법을 알려준다. 우선 평소 신체의 활동을 통해 몸에 적당한 긴장과 고통을 주어 저항력을 키워야 한다. 회복력은 한번 잃게 되면 운동을 해도 큰 효과가 없기 때문에 늘 병에 걸리지 않도록 주의해야 한다. 또한 쇼펜하우어는 아리스토텔레스가 말한 "분별 있는 자는 쾌락이 아닌 고통 없는 상태를 추구한다"는 명제를 통해 건강의 중요성을 강조한다. "모든 쾌락과 행복은 소극적인 성질을 띠지만 고통은 적극적인 성질을 띤다."

사유하고, 휴식하라

우리는 건강할 때는 전혀 느끼지 못하다가 "몸의 어딘가에 조그만 상처가 생겨 아프면 몸의 전체적인 건강은 의식되지 않고 상처 부위의 통증에만 계속 신경이 쓰여" 불쾌감을 느낀다. 고통은 적극적인 성질을 띠므로 몸이 온전할 때 느끼는 유쾌함보다 몸이 아플 때 느끼는 고통이 훨씬 더 강력하다. 질병에 걸리지 않도록 몸을 잘 관리해야 하는 이유이기도 하다.

"생명의 본질은 운동에 있다." 생명은 끊임없는 운동을 통해 존립한다. 신체뿐만 아니라 정신도 활동을 멈춰서는 안 된다. 사람이 할 일이 없으면 따분함을 느끼고 멍하게 있는 시간이 많아진다. 그래서 우리의 생활은 쉬지 않고 움직이려는 충동으로 이루어지는데, 그것을 잘 조절할 필요가 있다. "활동하는 것, 즉 무언가를 실행하고, 가능하면 무언가를 만들고, 적어도 무언가를 배우는 것이 인간 행복"의 필수 조건이다.

그러나 여기에도 주의해야 할 점이 있다. "근육은 많이 쓸수록 강해지지만 신경은 많이 쓸수록 약해진다"는 사실이다. 따라서 근육을 적당히 긴장시키는 것은 좋지만 신경을 긴장시키는 것은 그다지 좋지 않다. 신경을 보호하기 위해서는 너무 밝은 빛이나 큰 소음은 피하는 것이 좋은데, 특히 뇌를 혹사하지 않도록 주의해야 한다. 음식을 소화시키는 동안에는 뇌를 쉬게 하는 것이 좋으며, 근육을 활발하게 움직이더라도 사고하는 능력이 손상되지 않도록 해야 한다. 뇌를 통해 모든 운동신경과 감각신경이 연결되어 있어서 통증이나 피로를 느끼는 것도, 기분이 좋아지는 것도 모두 뇌에서 일어난다.

충분한 숙면을 취하라. 근육을 너무 많이 쓰거나 정신적 긴장을 많이 하면 뇌에 손상이 간다. 따라서 뇌가 피로하지 않도록 충분한 수면이 필요하다. "인간에게 수면은 시계의 태엽을 감아 주는 것과 같은 작용"을 한다. 잠을 통해 소진한 생명력을 다시 얻고 새롭게 태어난다. 인간처럼 뇌가 발달해 있고 또 그 뇌를 많이 사용할수록 잠을 충분히, 그리고 깊이 자야 한다. 수면 시간만 늘린다고 해서 모두 도움이 되는 것은 아니고, 수면의 양과 질 둘 다 중요하다.

적당한 긴장과 휴식은 몸뿐만 아니라 정신 건강에도 좋다. 긴장이 지나치면 몸을 해치듯이 뇌도 손상시킨다. 쇼펜하우어는 몸과 독립된 영혼은 존재하지 않는다고 말한다. 그렇기에

"뇌 속에 깃들어 세상의 어떤 것도 필요로 하지 않는 영혼이, 비물질적이고 단순하며 늘 사고에만 집중해 지칠 줄 모른다는 잘못된 생각"을 가져선 안 된다.

정신력을 너무 혹사하면 나중에는 점점 무디어지고 만다. 가령 잠자지 않고 밤새 일을 한다거나 엉터리 철학으로 자기의 정신을 소모해서는 안 된다. 우리의 정신활동을 마치 위가 음식을 소화시키는 것과 같은 생리적 기능으로 본다면, 모든 신체의 질병과 고통, 부조화가 발생하면 정신에 나쁜 영향을 줄 수밖에 없다. 따라서 정신력을 지나치게 소모하지 않도록 아껴야 하며, 소진되면 그 힘을 숙면을 통해 회복해야 한다.

위대한 정신을 가진 학자나 시인 가운데 젊을 때 정신력을 혹사해 말년에 무능력해지거나 지능이 떨어지는 경우가 있다. 최악의 경우에는 정신이상이 되는 사람도 있다. 현대사회에서 몸과 정신을 혹사하는 이유 가운데 하나는 '돈'을 벌기 위해서다. 가령 돈의 유혹에 빠져 글을 쓰는 사람은 자신의 정신에 멍에를 씌우고 고통을 가해 생명을 희생하기 때문이다. 쇼펜하우어에 따르면, 철학자 칸트가 유명해진 뒤 과로로 인해 말년에 정신적인 퇴화를 보인 반면, 괴테가 고령에도 불구하고 정신력을 유지할 수 있었던 이유는 그가 "돈을 받고 글을 쓰지 않았기 때문"이라고 한다.

조화로운 신체를 만들어라

건강을 고려할 때 신체적인 상태와 정신적인 상태는 서로 영향을 준다. 의식은 뇌라는 유기체의 기능에 의존한다. 따라서 의식은 잠을 자거나 기절할 때처럼 '죽으면 소멸'하는 것이 사실이다. 생리학에 따르면 인간의 정신과 심리는 모두 생명이라는 현상에서 나온다. 따라서 영혼이란 독립적으로 존재하지 않으며, 지능은 신경 감각의 속성에 불과하다. 이렇게 보면 인간은 하나의 기계에 불과하며 영원불멸의 정신은 있을 수 없다.

"모든 의식의 조건인 인식은 필연적으로 뇌의 기능이기 때문이다. 본래 지성은 객관적으로는 뇌라는 형태로 나타난다." 따라서 마음의 평온을 위해서는 뇌가 잘 작동하도록 늘 주의를 기울여야 한다. 우리의 의식은 뇌의 기능, 신경계와 혈관계의 작용에 제한을 받는다. 따라서 "심장에 의해 혈액을 공급받고 생기를 띠며 끊임없이 자극을 받는 두뇌, 해부학이 묘사하는 것과 같은, 그러나 생리학으로는 도저히 이해할 수 없는 두뇌의 정교하고 비밀스러운 구조를 통해 객관적 세계의 현상과 우리의 활발한 사고 행위가 나타나는 것"이다.

운동을 통해 끊임없이 혈액순환을 원활하게 해야 하며, 신경이 쇠약하거나 피로해지지 않도록 휴식을 취해야 한다. 좋은 생각은 건강한 생활 습관에서 나온다. 이렇게 생리학의 입장에서 보면 인간이 누릴 수 있는 행복은 다음 세 가지다. "인간은 세 가지 중 어느 것이 자기의 내면에 더 우세한가에 따라 각자 적합한 것을 선택"하면 된다.

첫 번째 즐거움에는 '먹고 마시기, 소화, 휴식, 수면 욕구'가 속한다. 두 번째 즐거움에는 '산책, 뜀박질, 레슬링, 무용, 검도, 승마 및 각종 운동 경기와 심지어 사냥이나 전투, 전쟁'이 속한다. 세 번째 즐거움에는 '탐구, 사유, 감상, 시쓰기, 조각, 음악, 학습, 독서, 명상, 발명, 철학적 사고'가 속한다.

행복을 이루는 이 세 가지 즐거움에는 가치와 등급이 있다. 문제는 정신적 욕구가 없는 속물이다. 정신적 욕구가 없는 사람은 신체적 욕구만을 가지므로 그것을 충족시켜 줄 대상을 찾는다. 따라서 다른 사람의 탁월한 정신적 능력에 열등감과 시기, 질투심을 느껴 오직 명예, 지위, 부, 권력 등만을 찾게 된다. 남보다 더 뛰어나기를 바라는 욕망에서 영향력 있는 사람이 되고 싶은 것이다. 정신적인 즐거움을 모르는 속물의 한계다.

나 자신을 이루는 것, 내가 원래 갖고 있어서 밖에서 구할 수 없는 것, 내가 남에게 주거나 남에게서 빼앗을 수 없는 것이 행복에서 가장 중요하다. 혼자 있을 때 더욱 빛나는 나의 자산은 바로 건강이다.

> 완벽한 건강과 조화로운 신체에서 비롯되는 차분하고 명랑한 기질, 분명하고 활력 있으며 통찰력 있고 올바르게 파악할 줄 아는 분별력, 온건하고 부드러운 의지, 그에 따른 한 점 부끄럼 없는 양심, 이런 것은 지위나 부로 대신할 수 없는 장점이다.

건강의 중요성을 고려한다면 쾌락을 추구하기보다 고통을 주는 질병을 예방할 수 있도록 노력하는 것이 훨씬 현명하다.

몸의 건강이 우선이다

Nietzsche

니체는 자신이 활동하던 당시의 과학 분야에 관심이 많았고 특히 의학과 생리학 분야를 깊이 연구했다. 그는 생리학적인 성과를 통해 도덕적 판단의 오류를 극복하려 했다. '병적인 감수성, 탐미적 경향, 전통의 부정, 비도덕성 따위를 특징'으로 하며, 19세기 프랑스와 영국에서 유행한 문예 경향인 '데카당스décadence'는 한마디로 생명력이 떨어지는 현상이다. 당시의 사람들은 이런 현상으로 인해 불쾌감을 느끼게 되었고, 이 불쾌한 감정을 과학이 아닌 종교를 통해 해결하려는 잘못된 시도가 아주 많았다.

고통의 이유는 밖에 있을까

우리의 불쾌감을 일으키는 원인으로는 여러 가지가 있다. 예를 들면 "계급혼합, 잘못된 이주, 적응 부족, 기후, 노화, 피로, 다이어트, 패혈증, 말라리아, 매독" 등이다. 의사의 관점에서 고통은 결과일 뿐 그 원인은 생리학적 현상이다. 가령 음식을 많이 먹고 배탈이 났다면, 위장의 소화력에 문제가 있을 수 있다. 그러나 만약 배탈의 원인을 개인의 식탐이나 '못 먹고 죽은 귀신', '악령'의 탓으로 해석한다면 문제가 있다.

과거 우리나라에도 주술이나 미신이 지배하던 시절에 이런 식으로 병을 고치려던 사례는 흔하디흔했다. 배탈은 위장에서 나는 것bad이며 식탐이 악evil은 아니다. 마찬가지로 이성에 관심이 많은 것은 인간으로서 자연스러운 것good이지 음란마귀evil 때문이 아니다.

육체적 고통뿐만 아니라 정신적 고통도 '인과적 해석'에 불과하다. 많은 '정신의 고통'은 '영혼의 탓'이 아니라 '배(몸)의 탓'이다. 음식물을 소화하는 것처럼 뇌는 자기의 경험을 나름대로 정리해 이해한다. 그러나 체험한 것을 제대로 처리하지 못하는 경우 소화불량이 일어나는 것처럼, 제대로 인식되지 않는 상황은 정신적 고통이 될 수 있다. 우리가 잘못 상상하는 불쾌감의 원인은 "신경 에너지가 급격히 소모되거나 해로운 배설 작용이 병적으로 증가하는 현상으로, 예를 들면 위에서 담즙이 병적으로 분비되는 현상 등"과 같다.

그러나 많은 사람이 고통의 원인을 바깥으로 돌린다. 즉, 원한 감정을 갖고 다른 것에서 이유를 찾으려 한다. 많은 종교가 해결하려 한 피로감은 결국 생리적인 장애 감정의 하나인데 "생리학적 지식의 결핍 때문에 그 자체로 의식되지 못하고, 따라서 그 '원인'이나 치료도 단지 심리적, 도덕적으로만 추구하고 시도할 수 있을 뿐"이다.

원한 감정을 가진 환자는 그 원인을 죄와 같은 '가장 좋은 구실'을 통해 설명한다. 고통에 대한 '논증할 수 없는 전제'는 "인간의 '죄스러움'에 대한 사실이 아니라 오히려 생리적 장애에 대한 해석일 뿐"이라는 것이다. 건강하다는 것은 건강하다는 느낌일 뿐 증명해 보일 수 없듯이 생리적 장애도 마찬가지다. 그러나 종교가 이유로 제시하는 죄라는 것은 생리학적인 장애에 대한 잘못된 해석에 불과하다. 그러므로 생리적 장애를 도덕적, 종교적인 현상과 연결 지어 책임이나 죄가 있다고 느껴선 안 된다. 생리적 장애와 도덕적 판단은 전혀 다른 차원이다. 그것은 마녀재판처럼 죄를 입증할 수 없기 때문이다.

'내가 불쾌한 것은 그 누군가에게 틀림없이 책임이 있다'는 방식으로 추론하는 것이 병자의 특징이며, 그들이 느끼는 불쾌감의 참된 원인인 생리학적 원인은 감춰진다(그 원인은 교감신경의 질환에 있거나, 담즙의 지나친 분비와 혈액 내 유황산칼리, 인산칼리 결핍이나, 혈액순환을 방해하는 하복부의 압박 상태에 있거나, 아니면 난소나 그와 같은 기관의 퇴화에 있다). 그들은 자신의 고통스러운 감정에 대한 구실을 꾸밀 때 주변에 가까이 있는 사람들을 '악인'으로 만든다. '나는 괴롭다. 누군가에게 이 고통에 대한 분명한 책임이 있다'는 식으로 말이다.

모든 고통받는 자의 그 원인을 행위자의 죄에서 찾도록 한다. 고통의 원인을 행위자의 죄에서 찾아 감정을 발산하는 것은 진통을 마비시키는 역할을 한다. 이런 "감정에 의해 고통을 마비시키려는 갈망에서 원한이나 복수, 그와 유사한 것의 진정한 생리학적 원인이 발견"될 수 있다.

몸이 정신보다 정직하고 지혜롭다

금욕주의는 인간의 고통을 줄이기 위해 생명력을 떨어뜨리려고 시도한다. 그래서 사랑하지도 미워하지도 않고 만사에 무관심하며, 부자가 되지도 않고 결혼도 하지 않기를 권장한다. 그렇게 힘을 빼야만 고통에서 벗어날 수 있기 때문이다. 종교를 가진 인간은 마비, 마취, 최면을 통해 자신의 고통을 잊으려 한다. 마치 겨울잠과 같은 상태에 빠져 최소한의 물질 소모와 신진대사만 해야 생존에 따른 고통에 무감각할 수 있다. 어떤 목적을 위해 너무 많은 에너지를 소모하는 행동은 어리석다.

동물이 순간이나마 의식에서 고통을 지우기 위해 마비 상태가 되는 것처럼 인간은 "괴롭히며 은밀하고 견딜 수 없게 된 고통을 어떤 종류의 격렬한 감정을 통해 마비시켜, 적어도 한 순간이나마 의식에서 지우려" 한다. 불쾌감을 줄이기 위해 생명력 자체를 최저로 끌어내려야 한다. 따라서 의욕도 소망도 전혀 품지 말고, 감정을 만드는 일도 피해야 한다. 또한 일하지 않고 걸식하면서 결혼을 하지도 말고 가족도 가져선 안 된다는 것이다.

파스칼의 원리에 따르면 인간은 정신적으로 '우둔해져야' 한다. 그 결과 "심리학적으로, 도덕적으로 표현"하자면 자신에게서 완전히 벗어나 생리학적으로는 최면에 놓이면서 삶이 아직 의식되지 않는 상태를 유지하면 된다. 이렇게 어떤 목적으로도 생명력을 소비하지 않는 상태가 '생리학적 우울증'에서 벗어나는 방법이었다. 그러나 니체는 '정신의 영양 섭취'가 끊겨 완전히 메말라 굶주려 있는 인간을 안타깝게 생각한다. 생명의 본능에 반대해 마취 상태에 빠져 고통을 극복하려는 것은 잘못된 방법이기 때문이다. 일례로 당시 쇠약해진 젊은이들이 바그너의 음악을 '아편'으로 이용해 자신의 고통을 잊으려는 그릇된 선택을 하곤 했다.

종교는 생명력이 약해져 생리적인 퇴행을 보일 때 나타난다. 힘이 약해지면 사람들은 강한 신을 찾게 된다. 따라서 약자들은 선한 신과 악한 신을 상상으로 만들어 내고 타인을 악마로 낙인찍어 복수를 하고자 한다. "선과 악은 모두 데카당스의 산물이며 자연이 퇴락한 반자연과 생명력 약화의 반영이다."

니체가 병자의 데카당스에 반대하고자 노력한 이유는 인간의 본능이 저절로 가장 좋은 방법을 찾아주었기 때문이다. 가장 생명력이 떨어지는 고독과 같은 상황에서도 니체는 대체로 건강했다. 무엇보다 자신의 본능을 통해 건강을 회복할 수 있었던 이유는 생리학자가 인정하듯 사람은 근본적으로 건강하다는 사실 때문이다. 인간의 자연적 본능은 원래 "제대로 갖춰져" 있다.

우리 몸의 기능은 원래 잘 작동해 해로운 것과 나쁜 것에 대한 치유책을 스스로 마련해 자신에게 유용하게 한다. 그래서 병을 견뎌낸 사람은 예전보다 더 강한 저항력과 면역력을 갖는다. 본능은 외부의 자극을 선택하고 조절해 스스로 몸의 건강 상태를 유지한다. 병든 사람은 다시 스스로 건강해질 수 있다. 이런 점에서 질병은 건강한 삶을 위한, 더 풍부한 삶을 위한 효과적인 자극제다.

니체는 우리의 몸이 정신보다 더 지혜롭다고 본다. 신체에는 '현자'가 있다. 정신과 몸을 따로 분리할 것이 아니라 몸이 먼저 현명하게 반응하는 일이 많기 때문이다. 따라서 자신의 몸에 귀를 기울이는 것이 더 행복하게 사는 법이다.

> 형제들이여, 차라리 건강한 몸의 목소리에 귀를 기울여라. 그것이 더욱 정직하며 더 순수한 소리를 들려준다. 건강한 몸, 완전하고 반듯한 몸은 정직하고 더욱 순수하게 말한다. 바로 이 몸이 대지의 뜻을 전해 준다.

니체는 고통과 함께하는 '커다란 건강'을 강조한다. "그것은 전쟁과 승리로 단련되었으며, 정복, 모험, 위험, 심지어는 고통까지도 필요로 하는 정신이다. 이 정신에 이르기 위해서는 날카로운 고지의 바람과 겨울의 방랑, 얼음과 산악에도 익숙해질 필요가 있다. 이 정신에 이르기 위해서는 일종의 숭고한 악의조차 필요"하다. 커다란 건강은 고통을 배제하지 않는다. 고통까지도 포함해 "나를 죽이지 않는 고통은 나 자신을 더욱 강하게 한다"는 확신을 갖게 한다.

CHAPTER 15

나만의 색깔 찾기
(개성)

자신만의 개성을 찾아라

Schopenhauer

인간은 원하든 원하지 않든 이 세상에서 가장 개성 있는 존재다. 각자 자기가 원하는 것이 있고, 자기가 할 수 있는 일이 있다. 그러나 처음부터 자기가 원하는 것이 무엇인지를 알 수는 없고, 거기에는 오랜 시행착오와 실패가 따라야 한다. 타고난 성격이 필연이라면, 획득된 성격은 어느 정도 자유롭게 형성된다. 자유의지와 관련해 인간이 선택하게 되는 동기는 필연적으로 성격에 지배받는다. 우리의 성격은 바뀌지 않는 특성을 갖고 반복적으로 진행되기 때문에 그에 따른 품행 또한 바꾸기 어렵다.

원하는 개성을 모두 가질 수는 없다

인생의 행로에서 인간이 "자신의 성격을 개선하려고 노력하거나 나쁜 경향의 힘에 맞서는 것은 헛수고다. 따라서 변경할 수 없는 것에 복종하고 아무리 나쁜 것이라 해도 모든 경향에 바로 따르는 것이 상책"일 수 있다. 이것이 하나의 숙명론이다. 모든 것이 운명에 의해 예정되어 있다는 것을 인정하는 것이다.

원인과 결과의 무한한 연속이 운명이라면, 우리가 운명을 미리 알 수 없는 것처럼 우리의 성격을 미리 통찰할 수 없고 오랜 경험을 통해 뒤늦게 알게 될 뿐이다. 따라서 우리는 성격을 미리 결정해서는 안 된다. "우리는 결과로 일어나는 결정으로 자신이 어떤 종류의 사람인지 알게 되고, 우리의 행위로 우리 자신을 비춰볼 것이다."

우리는 지나간 생애를 돌이켜보며 만족하기도 하고 불만을 느끼기도 한다. 하지만 이미 지나간 행위는 더 이상 존재하지 않는다. 그러나 "이 행위들이 우리에게 중요한 이유는 그 의미 때문이고, 이 행위들이 성격의 모사이자 의지의 거울이라는 사실에서 유래한다. 우리는 이 거울을 바라봄으로써 우리의 가장 내적인 자기, 즉 우리 의지의 핵심을 인식하게" 된다. 미리 알 수 있는 것이 아니라 나중에 깨닫게 되기 때문에 우리의 행위로 만들어지는 것에 대해 불안을 느낄 필요는 없다. 이런 과정에서 '획득된 성격'이 드러난다. 타고난 성격은 일관성을 갖고 불변하는 특성을 갖지만, "경험이나 숙고를 통해 인위적으로 어떤 성격을 획득"할 필요가 있다.

인간은 언제나 같은 존재이지만 그렇다고 자기 자신을 항상 이해하는 것은 아니다. 자기 인식에 이르기까지 자신을 오해하기도 하고, 자기의 경험에 따라 비이성적으로 행동하기도 한다. 자기에 대해 높은 분별력과 사고력을 갖기까지는 많은 시간이 걸린다. "인간은 자기의 개성으로 인해 의욕하는 것과 할 수 있는 것을 전부 통찰"하기가 어렵다. 거기에는 여러 가지 방해 요소가 따른다.

인간은 자기 안에 여러 가지 소질이 있다는 것을 막연하게 느끼고 있을 뿐이다. 오랜 경험을 통하지 않고서는 그런 소질을 분명하게 알기 어렵다. 자신의 성격에 적합하다고 판단되는 일을 한다고 해서 처음부터 성공하는 것은 아니다. 삶에서 무언가를 소유하려면 무수한 다른 것을 단념하고 포기할 줄 알아야 한다.

> 만일 우리가 결심하지 못하고 대목장에 간 아이들처럼 눈에 띄는 매력적인 것들을 모두 집으려 한다면, 이는 선으로 이어지는 우리의 길을 평면으로 바꾸려는 잘못된 노력과도 같다. 그런 경우 우리는 지그재그로 달리는 도깨비불처럼 이리저리 흔들려 결국 아무것도 얻지 못하게 된다.

홉스의 말처럼 "본래 각자는 모든 사물에 대해 하나의 권리를 갖고 있으나 어떤 사물에 대해서도 독점권을 갖고 있지는 않"다. 다른 것에 대한 권리를 단념함으로써 개별적 사물에 대한 독점권을 얻을 수는 있을 것이다. 인생도 마찬가지다. 다 가질 수는 없다. "우리는 인생에서 향유, 명예, 부, 학문, 예술이든 덕이든 어떤 것을 얻고자 특정한 노력을 하지만 이 노력과 거리가 먼 모든 요구를 단념하고 다른 모든 것을 포기하는 경우에만 그 노력을 정말 진지하고 행복하게 추구할 수 있다."

나를 배워가라

단순히 의욕과 능력만으로는 아직 충분하지 않다. “인간은 자신이 무엇을 의욕하는지 알아야 하고, 자신이 무엇을 할 수 있는지도 알아야 한다.” 그래야 비로소 인간은 자신만의 성격을 드러내며 자신만의 무언가를 이뤄낼 수 있다. 그때까지 인간은 아직 “성격이 없는 것”과 같다. 자기의 다이몬daemōn에 이끌려 충실하게 자신의 인생행로를 걸어가야 할 때 “일직선이 아닌 삐뚤빼뚤한 선”을 그으며 흔들리고 방황하는 가운데 후회라는 고통을 맛보게 된다. 그렇게 헤매는 이유는 “그에게만 적합하고 그가 무엇을 성취할 수 있는지, 그만이 향유할 수 있는 것이 무엇인지 아직 모르기 때문”이다.

각자의 성격에 따라 적합한 일이 따로 있다. 그렇기에 다른 사람의 상황이나 처지를 부러워할 필요는 없다. 다른 사람의 성격에 맞는 일을 내가 하면 불행할 수 있기 때문이다. 자신에 대한 통찰이 부족한 사람은 여러 시행착오와 실패를 통해 자기의 성격에 맞지 않는 일을 하면 즐겁지 않다는 것을 알게 된다. 우리는 성격에 굴복하고 따를 수밖에 없다. 타인의 성격,

사고방식, 행동방식을 바꿀 수 있다는 것은 착각이다.

우리는 무엇을 의욕하고 무엇을 할 수 있는지 경험을 통해 배워야만 한다. 우리는 이전까지는 알지 못했으나 욕망을 배우게 되면서 세상에서 말하는 '획득된 성격'을 갖게 된다. "이것은 자신의 개성이 될 수 있는 것을 완전하게 아는 것에 불과하다." 자신의 성격이 변화할 수 없다는 특성을 알게 되고 또한 자신의 장점과 단점을 알아가는 과정이다. 우리의 성격 자체는 결코 변하지 않지만, 자신의 장점과 소질, 그리고 약점이나 결함을 조직할 수 있는 능력을 갖추게 되는 것이다. 마치 행동방식을 습득한 것처럼 분별력 있게 행동할 수 있게 된다. 그러면 이제 더 이상 내가 무엇을 의욕하고 무엇을 할 수 있는지 고민할 필요가 없다.

우리는 "이세 초보자로서 본래 무엇을 의욕하고 무엇을 할 수 있는지 알기 위해 더 이상 기다리고 시도하며 이리저리 헤매지 않을 것이다. 우리는 이것을 알고 있고 모든 선택을 할 때마다 보편적 명제를 개별적으로 적용하기만 하면 바로 결정에 이를 수" 있다. 자신의 약점을 잘 알기 때문에 그것에 따른 고통도 피할 수 있고 나아가 강점을 키울 수도 있게 된다.

성공을 확신하지 못하는 것은 시도하지 않도록 주의해야 한다. 그렇게 하는 데 도달한 사람만이 언제나 분별 있게 전적으로 그 자신이 될 것이다. 또 그는 자기 자신에게 기대할 수 있는 것을 알고 있기에 자기 자신으로부터 결코 버림받지 않을 것이다. 그런 다음 그는 가끔 자신의 강점을 느끼는 기쁨을 맛보고 자신의 약점을 떠올리는 고통은 좀처럼 맛보지 않을 것이다.

자신에게 필요한 힘이 부족하다고 느낄 때 적합하지 않은 일은 피할 것이다. "자신의 약점을 떠올리는 것은 자신의 가장 커다란 정신적 고통을 초래할지도 모르는 굴욕이다." 그러나 미리 불운을 피할 수 있다면 "강점과 약점을 완전히 알게 되고 우리는 자신이 갖고 있지 않은 힘을 보이려 애쓰지 않을 것이고, 가짜 동전으로 도박하지 않을 것"이다. 자기의 성향과 모든 능력을 알면서 바꾸지 않는 것이 자기 자신에게 만족하는 가장 확실한 길이다. 말하자면 바꿀 수 없다는 필연성을 완전히 확신하는 것보다 우리에게 더 효과적인 위안은 없다. 무수한 불행을 감내하면서 인생의 내적 필연성이나 외적 필연성을 바꿀 수 없다는 사실을 깨달아야 한다.

> 외적 필연성뿐만 아니라 내적 필연성과 가장 잘 화해하려면 그 필연성을 분명히 알아야만 한다. 좋은 특성이나 강점을 잘 알듯이 우리의 약점과 결점도 분명히 알고 그에 따라 우리의 목적을 설정하고 도달할 수 없는 것에 연연하지 않아야 한다. 그러면 우리의 개성이 허락하는 한 가장 쓰라린 고뇌, 즉 자신의 개성에 대한 무지, 그릇된 자부심과 거기서 생기는 불손함으로 빚어진 우리 자신에 대한 불만에서 아주 확실하게 벗어나게 된다.

인간은 자신의 장점과 단점을 깨닫는 자기 인식을 통해서만 제3의 성격을 획득할 수 있다. "의지가 그 모든 현상의 필연성에 종속되지만 그럼에도 의지는 그 자체로 자유롭고 전능하다고 불릴 수 있다." 자신의 한계를 제대로 알면 자신에게 맞지 않는 일을 선택하지 않을 수 있다.

본래의 자신이 되어라

Nietzsche

사람들에게는 모두 저마다의 인생길이 있고, 자신에게 이르는 수천 가지의 길이 있다. 그러나 대중은 같은 것을 추구한다. "돌봐줄 양치기는 없고 가축 떼만 있을 뿐! 모두가 평등을 원하고 모두가 평등하다. 자기가 특별히 다르다고 느끼는 사람은 제 발로 정신병원에 가게 마련이다." 나 자신의 주인이 된다는 것은 "새로운 인간, 일회적인 인간, 비교할 수 없는 인간, 자기 자신에게 법칙을 부여하는 인간, 자신을 창조하는 인간"이 된다는 것을 의미한다. 이 세상에서 단 하나뿐인 존재로 사는 방법은 자기 스스로 결정하고 욕망하는 것이다.

누구에게나 각자의 길이 있다

각 개인은 세상에서 단 하나뿐인 존재이며 반복할 수 없는 일회적 존재다. 니체는 "다양한 의견이 있을 수 있는 모든 것을 상대로 모든 사람이 자신의 의견을 가지고 있어야 한다고 믿는다. 왜냐하면 그 개인은 스스로 모든 다른 사물에 대해 한 번도 존재하지 않았던 하나의 새로운 위치를 차지하는 자기만의 그리고 일회적인 존재"이기 때문이다. 스스로 자기의 사유의 샘에서 독자적인 생각을 길러낼 수 있어야 한다.

> 의견의 자유는 건강과 마찬가지다. 양쪽이 모두 개인적이며, 양쪽 모두에게서 인정되는 보편타당한 개념은 세워질 수 없다. 한 개인의 건강을 위해 필요한 것이 다른 한 개인에게는 이미 질병의 원인이 되고 있다. 그리고 정신의 자유를 향한 많은 수단과 방법이 더 높이 발달한 본성을 지닌 사람들에게는 부자유로 향하는 방법과 수단이 될 수도 있다.

모든 것은 하나의 해석에 불과할 뿐이라고 반박해선 안 된다. 똑같은 해석, 똑같은 설명, 누구나 똑같아져야 한다고 주장하는 종교, 도덕, 민주주의, 공산주의에서처럼 인간이 모두 동일해져야 한다고 주장한다. 이런 것들은 결국 모든 것이 평범해져야 한다고 강제하는 잘못된 문화다. 니체가 말하는 주권적 개인은 스스로 책임질 수 있는 새로운 존재다. 각각의 개인은 자신만의 가치를 발견하는 삶의 과정에서 의미를 찾는다. 니체는 "본래 너 자신이 되라"고 말한다. 인간은 각자 자신이 되어야 한다.

'개인[Individuum]'은 어원상 둘로 쪼갤 수 없는 존재로서 타인과 공통점을 공유하지 않는다는 차이를 갖고 있다. 과거의 도덕규범, 최대 다수의 최대 행복이 인간을 분할함으로써 보편성을 도출했다면, 주권적 개인은 더 이상 공통된 세계 전체를 구성하는 부분이 아니라 스스로 법을 만드는 입법적 존재다. 이 세상에서 남들이 할 수 없고 나만이 할 수 있는 고유함과 차별성을 찾는 일에는 '수천 가지의 길과 수천 가지의 섬'이 있다. 이 우주에서 나 자신이 가장 독특하다는 점을 깨닫고 그 개성을 긍정함으로써 행복이 가능해진다.

니체는 '어떻게 사람은 자기의 모습이 되는가?'라는 질문에, 우선 미래를 알려 하지 말고 건강한 본능을 믿으라고 조언한다. 이것은 이기적인 자기보존에 여념 없는 평균적인 대중을 넘어 자신의 운명적 과제를 파악해야 하는 위험한 일이다. 인간은 자기가 본래 무엇인지에 대해 희미하게라도 예측하지 않는다. 앞으로 자신이 나아갈 길을 전혀 예상하지 못한다.

앞으로 펼쳐질 우리의 인생을 미리 알 수 없는 것은 당연하다. 하나의 목적이나 길이 정해져 있지 않으므로 잘못된 길로 빠지는 것도 나름의 의미와 가치를 지닌다. 샛길이나 몰락도 자신의 길을 찾는 데 도움이 된다. 인간이 자신의 과제와 사명을 발견하는 것은 종교나 도덕이 아니라 삶의 본능이다. 거짓에 속더라도 누구나 언젠가는 자신의 길을 찾을 수 있다.

나만의 위대한 과제는 무엇일까

인간이 본능적으로 목적을 미리 짐작하는 일은 위험하다. 자신이 살아온 삶의 과정을 통해 자신에게 적합한 과제와 방식이 주어지므로 너무 서두를 필요는 없다. 미성숙한 상태에서 감당하지 못할 큰 과제를 떠안는 것은 위험하다. 어느 정도 때를 기다려야 내 안의 꿈과 이상이 자라나 우리 자신에게 명령한다. 전체를 위해 개별적인 것을 조직하고 지배하는 유능함을 갖게 된다.

이렇게 보면 인생에서 실패의 경험 역시 나름의 의미와 가치를 갖는다. 샛길로 빠지거나 길을 잘못 들어선 경험이 자기의 능력을 시험할 수 있는 계기가 되기 때문이다. 따라서 목표, 목적, 의미 등을 미리 알기 전에 그것에 봉사하는 능력을 갖춰야 한다. 모든 본능이 성숙하고 완성되면 운명처럼 갑자기 삶의 과제가 주어진다. 이 모든 것을 명령하는 것은 자기보존이라는 건강한 본능이다. 병들고 약할 때는 자신이 누군지 알지 못하지만 건강을 되찾으면 자기 자신이 진정 무엇이 되기를 원하는지 확인하고자 한다.

니체 역시 자신의 안에서 무엇이 자라는지 예감조차 못했지만 갑자기 모든 능력이 성숙해 궁극적으로는 완성되었다. 니체 자신이 무엇을 원하고 추구하는지 그 목적과 소망을 알지 못했기 때문에 의도적으로 노력한 것은 아니지만, 그는 미래를 향해 "어느 것도 자기의 모습과 다르게 되는 것"을 원하지 않았다고 고백한다. 자신을 하나의 운명으로 받아들이는 것, 다른 그 무엇이 되기를 원하지 않는 것이 바로 자신의 운명이다. 즉, 어떤 것도 적극적으로 원하지 않고 살다 보니 스물네 살에 대학교수가 되었다는 것이다.

니체는 위대한 과제를 제시하는 것이 자신의 운명이라는 사실을 강조한다. 그는 신, 영혼, 덕, 죄, 피안, 진리, 영생 등 모든 개념이 위조되면서 삶의 근본적인 문제들을 사소한 일로 경멸하라고 가르친다. 건강하고 강한 의지를 가진 사람은 고통 속에서도 자신이 극복할 과제를 발견한다. "죽이지 못하는 고통은 그를 더욱 강하게 만든다." 성장하기 위해서는 저항과 고통이 필요하다는 것을 알고 있다. 그래서 적을 증오하지 않고 맞수로서 필요로 한다.

니체는 모든 가치의 전도를 자신의 운명으로 인식한다. 지금까지 '최고의 인간'으로 불린 자들에게 대립각을 세우고자 한 니체의 '특권'은 건강한 본능에서 모든 좋은 덕목을 찾아내는 데 있다. 자신이 건강하다는 것을 자부하는 니체는 '꾸며진 포즈'도 없이 자신의 위대한 과제를 즐기고자 한다. 그것이 가치 전도의 핵심이다. 위대함의 징표이자 본질적인 전제 조건은 튼튼한 신경을 갖되 교만이나 경멸 없이 모든 사람을 똑같이 대하는 태도인데, 특히 낮은 자를 훌륭하게 대하는 일이다.

지금까지 잘못되어 온 가치는 바로 잡아야 한다. 니체의 운명은 자신이 꼭 분별 있는 최초의 사람이고 수천 년간의 거짓에 맞서는 대립자로 알려지기를 원하는 것이다. 최초로 진리를 발견한 자이면서 거짓을 거짓으로 폭로한 천재성의 소유자로 인정받고 싶은 것이다. 니체는 그리스도교에서 인정받는 신자나 성자이기를 거부하고 차라리 어릿광대이고 싶어 한다. 성자보다 더한 거짓말쟁이가 없기 때문이다. 우리가 자명하게 믿고 있는 진리는 니체에게 끔찍한 것이다. 왜냐하면 지금까지 거짓이 진리라고 불렸기 때문이다.

CHAPTER
16

진정한 나를 만드는 법
(교양)

사유의 근육을 키워라

Schopenhauer

독서가 사유의 힘을 키우는 데 도움이 되는 것은 분명하다. 그러나 지나치게 남이 써놓은 글만 읽는 것은 남이 이미 만들어놓은 길을 따라가는 것에 불과하므로 자기의 생각을 키우기는 어렵다. 자신의 사고로 철저히 다듬은 지식이 아니라면, 스스로 숙고한 지식에 비해 그 가치가 떨어진다. 남의 글에서 얻은 생각은 '남이 먹다 남긴 음식'이나 '남이 입다 버린 옷'에 불과하다. 틈날 때마다 책을 읽는 행위는 남이 대신 생각해 주는 편리함을 가져다 주지만, 그 대신 자기의 사고력을 잃게 만들어 늘 남의 생각에 끌려다니게 된다.

스스로 생각해서 얻은 지혜가 독서로 얻은 지혜보다 낫다

자기의 생각과 독서에서 얻은 생각은 생명력에서 차원이 다르다. 자기의 생각은 '봄에 피는 꽃'과 같지만, 책에서 얻은 남의 생각은 '돌멩이에 남은 죽은 꽃'의 흔적과 같다. 과식하면 위장이 망가지듯이 머릿속에 많이 집어넣는다고 해서 저절로 지식이 되진 않는다. 위장의 공간이 작으면 소화가 잘 안 되듯이, 다독으로 생각의 공간이 꽉 차면 읽은 내용을 제대로 소화하지 못한다. 독서란 책의 의미를 나름의 생각으로 되새김질하는 것인데, 사람마다 위장의 기능이 다르듯이 생각의 힘에도 차이가 있다. 그래서 책을 읽고 난 뒤 그 내용을 오랫동안 생각하지 않으면 이내 기억 속에서 지워진다. 흡수되지 않은 음식처럼 자신의 것으로 체화되지 않은 지식은 밖으로 배설되고 만다.

> 종이에 쓰인 생각은 모래 위에 남은 보행자의 발자국과 같다. 그래서 그 사람이 걸어간 길은 알 수 있지만, 그가 길을 걸으며 무엇을 보았는지를 알려면 자신의 눈을 사용해야 한다.

책의 내용을 그대로 좇기보다 저자의 생각을 따라갈 때 비로소 책의 내용이 자기의 살과 피가 되어 양분으로 흡수된다. 스스로 생각하는 힘이 없으면 책을 쓴 저자의 권위를 맹목적으로 인정하는 일이 생긴다. 스스로 생각하고 판단하기보다는 남의 생각을 옳다고 믿는 편견을 갖는 일이 훨씬 편하기 때문이다.

우리가 흔히 권위로 인정하는 진리는 사실상 극소수의 의견인 경우가 많다. 처음에는 두세 사람의 생각으로 만들어진 견해가 나중에 많은 사람들에게 보편적인 것으로 인정받는 이유는 바로 그 권위 때문이다.

독자적으로 생각하는 일이 귀찮은 사람일수록 그 견해가 철저히 검증되었을 것으로 간주하고 쉽게 받아들인다. 일일이 확인하는 일이 귀찮기 때문에 책의 내용을 쉽게 믿는 사람의 숫자가 많아지면 의견은 보편적인 진리로 인정받게 된다. 따라서 책의 내용을 판단하지 않고 동조하는 것이 당연시된다. 나중에 스스로 생각해 오류라고 판단하는 사람이 생겨나도 대부분 침묵한다. 책의 내용에 이의를 제기하는 사람이 오히려 비판받기도 한다.

독자적 사고의 힘

박수 소리가 크다고 해서 반드시 좋은 연주가 아닌 것처럼, 대중의 인기를 끈다고 해서 다 좋은 책은 아니다. 쇼펜하우어는 거장이 "청중 가운데 한두 명을 제외하고는 모두 청각장애자라는 사실을 알고 있는" 연주를 예로 든다. 연주가 끝나고 한 사람이 손뼉을 치는 것을 보고 다른 청중도 자신이 청각장애자라는 사실을 감추기 위해 큰 박수갈채를 보내는 것과 같다는 것이다. 거장은 결코 기뻐하지 않는다. 대중들에게 권위를 인정받는 책도 마찬가지다. 한 사람이 인정하면 다른 사람도 자신의 지적 결함을 감추기 위해 동조하며 칭찬한다.

"독서는 자기 스스로 생각하지 않고 다른 사람이 대신 생각해 주는 것"이다. 독자적 판단력이 없는 사람은 남의 명성을 인정하면서 쉽게 존경하는 경우가 많다. 그러나 많은 사람이 칭찬하는 책이라고 해서 반드시 좋은 책을 뜻하는 것은 아니다. 진정으로 독자적인 사유를 하는 사람은 자신이 모든 것을 결정하기 때문에 타인의 권위를 인정하지 않는다. 그러나 평범한 사람들은 모든 견해, 편견, 권위를 받아들여 스스로 생각하는 일을 포기한다. 스스로 생각하고 판단할 능력이 없는 사람일수록 권위를 즐겨 사용한다. 다른 사람의 말을 사용해 자신의 부족한 판단력과 통찰력을 대신하려는 것이다.

책을 통해 남의 생각을 따라가면 쉽고 편하지만 새로운 것을 접할 수 없다. 내 발로 걷는 길은 낯설고 위험하지만 나 스스로 생각할 수 있는 소재를 제공한다. 어렵더라도 자기 스스로 생각한 것이 의미 있고 가치 있다. "독자적 사고를 하는 사람은 자신의 견해가 지닌 권위를 나중에 알게 되는데, 그 권위는 자신의 견해에 힘을 실어 주고 그것을 강화하는 데 도움이 될 뿐이다." 책에만 매달리는 학자는 다른 사람들에게서 주워 모은 견해들을 짜깁기해 권위를 얻고자 한다. 독자적인 사고는 마치 알에서 새로운 생명이 태어나는 것과 비슷하다. "바깥 세계가 사고하는 정신을 수태시킨 뒤 그 정신이 체계를 품고 있다가 낳은 것"이다. 다른 사람들의 생각을 종합한 것으로는 그런 생명력 있는 체계가 나올 수 없다.

많은 책을 읽으며 일생을 보낸 사람은 마치 직접 여행하지 않고 지도만 본 것과 똑같다. "책에서 지혜를 얻은 사람은 여행 안내서를 잔뜩 읽고 어느 나라에 관한 정확한 지식을 얻는 사람과 같다." 이런 사람은 겉핥기식의 정보는 많지만, 실제 그 나라에 대해서는 정확히 알고 있지 않다. 지도를 통해 간접적인 지식을 많이 가지고 있는 사람은 다양한 정보를 제공할 수는 있어도 깊이 있는 지식을 나눠줄 수는 없기 때문이다.

이와 반대로 "평생을 사색하며 보낸 사람은 직접 그 나라에 갔다 온 사람에 비유할 수 있다. 이런 사람만이 그 나라의 실제 모습을 알고 있고, 그곳의 문제를 정확하게 꿰뚫고 있으며, 진정으로 그곳 사정을 잘 알고 있"다. 쇼펜하우어는 사료를 먹는 '개'와 직접 사냥하는 '늑대'를 대조하며 세상을 다른 사람의 관점으로 관찰하지 말고 직접 발로 뛰며 체험할 것을 강조한다. 축사에 갇혀 주는 사료를 먹는 동물이 '반추동물'이라면, '자연에서 자기의 손으로 먹이를 잡는 사람'은 야생동물이다. 스스로 생각할 수 있는 사람은 책을 통해 축사용 '사료'를 먹지 않고 야외에서 자기의 손으로 '먹이'를 직접 잡아먹을 줄 알아야 한다는 것이다. 이런 점에서 사색은 직접 경험이며 독서는 간접 경험이다. 책은 언제든지 편하게 읽을 수 있지만 스스로 생각하는 일은 몹시 어렵다.

피로써 체험하고 이해하라

Nietzsche

우리는 보통 글을 통해 다른 사람의 삶을 이해한다. 차라투스트라는 "모든 글 가운데서 나는 피로 쓴 것만을 사랑한다. 글을 쓰려면 피로써 써라. 그러면 너는 피가 곧 넋임을 알게 될 것이다"라며 '피'를 강조한다. 여기서 피는 혈서가 아니라 글의 생명력을 의미한다. 세계를 보고 듣고 인식할 때의 느낌은 처음에는 피처럼 굳지 않고 신체 안에 남아 있다. 시인과 같은 훌륭한 작가는 자신의 느낌을 '피'와 같은 살아 있는 언어에 담아낸다. 반면 어떤 철학자는 자신의 사유를 '미라' 같은 죽어 있는 언어로 표현한다.

책의 권위에 저항하라

시인의 살아 있는 언어가 '은유'라면, 철학자의 죽어 있는 글은 '개념'이다. 독자의 이해를 돕기 위해서는 시적인 표현이 논리적인 형식보다 훨씬 더 효과적이다. '피'는 저자가 직접 체험한 삶의 내용이다. 그것을 표현하는 언어는 딱딱하고 추상적인 표현이어서는 안 된다. 따라서 정신은 생명 속으로 파고들어 자신이 겪는 고통을 통해 자신의 앎을 증대시킨다. 차라투스트라는 고통을 경험하면서 "자기의 피로 자신의 지식을 키워 온 것"이라고 고백한다. 피로써 글을 쓰는 일도 힘들지만 다른 사람의 피를 이해하는 것 또한 쉬운 일이 아니다.

그래서 차라투스트라는 작가의 정수인 피를 이해하지 못한 채로 게으름을 피워 가며 책을 뒤적거리는 자들을 미워한다. 책의 권위에 저항하지 않는 학자는 책을 그냥 '뒤적이는' 자다. 하루에 대략 200권 정도가 적당하다고 생각하는 문헌학자는 읽기만 하다가 스스로 생각하는 능력을 완전히 잃어버리고 만다. 그들은 책을 뒤적거리지 않으면, 아무 생각도 하지 않는 사람이다. 책을 건성으로 뒤적이는 사람은 특정한 자극에만 반응하며 이미 읽은 생각에 응답할 뿐이다. 이렇게 독서를 통해 주도적으로 생각하지 못하는 사람은 창조적인 작업을 하지 못하고 기존의 이론을 긍정하거나 비판하는 데 자신의 힘을 모두 쏟아붓는다.

독서할 때 '자기 취향'이 전혀 없는 독자들이 많다. 자극에 대한 과민반응도 문제지만 그 반대로 자기방어 본능이 약해져서 생기는 무반응도 문제다. 책을 읽을 때 무덤덤하다면 생각의 능력조차 없어지게 된다. 니체는 자유로운 본성의 소유자가 아쉽게도 30대에 이르러 다독으로 망가지는 것을 쉽게 볼 수 있다고 말한다.

독서의 장점은 진지함에서 벗어나 쉴 수 있다는 점이다. 독서를 통해 자신에게서 벗어나 낯선 학문과 사유 안에서 즐거움을 누리게 된다. 이것이 바로 니체가 생각하는 휴양으로서의 진정한 독서 방법이다. 독서할 때 가장 먼저 해야 할 일은 '자기의 성을 쌓는 일'이다. 자기 나름의 관점이나 주도적인 생각이 필요하다. 그래서 타인의 낯선 생각이 자신의 성벽을 타고 올라가는 것을 허용해선 안 된다.

그러나 일에 몰두해야 하는 시간에는 몰입을 방해하는 책을 가까이해선 안 된다. 외부로부터의 많은 자극이 마냥 좋은 것은 아니기 때문에 지나친 다독은 피하는 것이 좋다. 따라서 잡다한 종류의 책을 무조건 많이 읽는 것보다 자신에게 맞다고 생각되는 몇 권의 책을 반복해서 읽는 것을 권장한다. 따라서 가리지 않고 많은 책을 대충 읽는 잘못된 독서 습관은 고쳐야 한다. "독서는 생각의 불꽃을 일으키기 위한 성냥개비"에 불과하다. 독서를 통해 책의 내용에 반응하기만 한다면 자기 생각의 주도권을 잃게 된다. 책에 반응만 하지 말고 저항도 할 줄 알아야 한다.

체험은 인식의 계단을 오르는 사다리다

책은 피를 짜내 쓴 사상의 결정체이므로 피와 잠언으로 글을 쓰는 사람은 읽히기만을 바라지 않고 외워지기를 바란다. 그렇다면 우리는 책을 통해 무엇을 이해하는 것일까? 글로 표현하는 것은 우리의 삶 자체이자 인생의 의미다. 마치 높은 산봉우리와 같은 잠언의 의미를 이해하려면 독자도 '긴 다리'를 지녀야 한다. 저자의 삶을 잘 이해하기 위해 독자는 저자 못지않은 높은 지식과 식견을 지녀야 한다. 그렇지 않으면 피로 쓴 잠언을 결코 이해할 수 없다.

물론 이처럼 높은 사유의 경지로 올라가는 일은 쉽지 않다. 훌륭한 저자가 높은 곳에서 아래를 내려다보고 있다면, 독자는 그와 같은 높은 경지에 오르기 위해 피나는 노력을 해야 한다. 니체는 언젠가 그렇게 "높은 산에 오른 사람은 모든 비극과 비극적 엄숙성을 비웃는다"고 말한다. 독자는 저자의 경지에 올라가면 모든 고통을 초월하게 된다.

니체에게 인생은 여행과 같다. 자기 발로 대지를 느끼며 삶의 의미를 깨달아야 한다. 따라서 머리로 하는 개념적 사고보다 중요한 것은 피부로 느끼는 생생한 체험이다. 차라투스트라는 서른 살에 고향을 떠나 산속에서 오랜 시간 머무르면서 고독을 즐기다가 세상으로 내려와 많은 사람들을 만난다. 차라투스트라와 함께하는 친구는 독수리, 뱀, 그의 그림자뿐이다. 이렇게 외로운 여행을 통해 차라투스트라는 진정한 자신이 누구인지 알게 된다.

방랑자인 차라투스트라는 결국 인간은 산을 오르고 내리는 여행을 통해 '자기 자신'을 체험할 뿐이라는 사실을 깨닫는다. 그가 가는 길에는 오르막과 내리막이 있으며 좁은 길과 곧은 길, 구불구불한 길이 있다. 따라서 방랑자인 차라투스트라는 많은 사람을 만나 묻고 대답하면서 자신이 깨달은 진리와 지혜에 대해 말하고자 한다. 저마다 자신의 인생길에서 어디로 가야 할지 방향을 정해야 하는 순간이 찾아온다. 그리고 그 판단은 주변 사람도, 권위 있는 학자나 저자도 아닌 바로 나 자신이 해야 한다.

어디로 가야 할지 도무지 알 수 없어 막막할 때, 우리는 길에게 길을 물어야 한다. 물어야만 답을 얻을 수 있다. 차라투스트라는 "나는 나의 길을 물어 길을 가려 했다. 시도와 물음, 물음에 답하는 법을 배워야만 했다. 이것은 나의 길이다. 너희들의 길은 어디 있는가? 모두가 가야 할 하나의 길은 없다"며 각자의 길을 가라고 명령한다. 그것은 마치 이미 걸어온 길을 똑같이 다시 한번 걷고자 하는 용기 있는 삶의 태도와 같다. 그렇게 가다 보면 먼저 간 위대한 사상가들의 길을 발견하게 된다.

앞으로 나아가라. 확실한 발걸음과 신뢰로 지혜의 길을 향해 나아가라! 당신이 어떤 존재이든 자신을 경험의 원천으로 삼아라! (…) 당신은 지식에 도달할 수 있는 수백 개의 사다리를 갖고 있다. (…) 당신은 이런 경험의 도움을 받아 앞서간 인류의 엄청난 길의 여정을 더욱 잘 이해하며 뒤따라갈 수 있지 않겠는가?

나가며

가장 깊은 절망에서 비로소 길이 보인다

인생은 바다와 같다. 폭풍이 치고 파도가 일면 배가 흔들리듯이 우리의 인생은 노력이 아닌 운명에 의해 결정되는지도 모른다. 긴 항해에서 인간이 할 수 있는 일은 부단히 노를 젓는 것뿐이다. 그러다 보면 폭풍과 거센 비바람 뒤로 맑은 하늘을 만날 수 있을 것이다. 쇼펜하우어와 니체는 이러한 인생에서 꾸준히 나아갈 용기와 희망을 준다.

가끔은 바람에 맞서기보다 바람을 등질 때 더 좋은 결과를 낼 때가 있다. 살아감에 있어서도 사람들은 자신의 재능과 반대되는 방향으로 노력하다가 고생하기도 하고, 맞서 싸워 성취하기도 한다. 니체는 우리의 삶을 가장 풍요롭게 만들어 즐겁게 사는 비결은 위험을 최대한 이용하는 것이라고 말했다. "승리를 거둔 과정에서 사람은 자신의 풍요로움과 미래에 절망"하게 될 때 반전이 일어난다. 이제부터 "우리의 돛에 순풍이 불어와 우리를 뱃길로 이끈다. 정말 행운이다! 우리는 참으로 확신한다. 이제야 우리는 자신이 어떤 사람이며 무엇을 원하는지 알게 된다. 이제 우리는 자신에게 충성을 맹세하고 그렇게 할 수 있게 된다." 그러니 "위험하게 살아라! 베수비오 화산의 비탈에 너의 도시를 세워라!"(니체)

파도가 없는 바다는 너무도 지루할 것이다. 고통 없는 삶은 얼마나 따분한가? 참된 행복은 과감한 모험에 있다. 파도와 불안을 벗 삼아 항해하라. 자신만을 확신하라. 난파를 두려워해선 안 된다. 위험이 없는 행복, 영원한 행복은 없으나 나는 내 삶을 항해하는 배의 선장이므로 나의 판단과 내가 잡고 있는 키(운전대)를 믿어야 한다. 운명에 맞서는 지혜란 그렇게 운명을 사랑하는 것이다. 이것이 쇼펜하우어와 니체가 우리에게 함께 들려주는 지혜이다.

KI신서 13058
불안의 끝에서 쇼펜하우어, 절망의 끝에서 니체

1판 1쇄 발행 2024년 10월 16일
1판 3쇄 발행 2024년 11월 18일

지은이 강용수
펴낸이 김영곤
펴낸곳 ㈜북이십일 21세기북스

인생명강팀장 윤서진 **인생명강팀** 박강민 유현기 황보주향 심세미 이수진
디자인 김희림
출판마케팅팀 한충희 남정한 나은경 최명열 한경화
영업팀 변유경 김영남 강경남 황성진 김도연 권채영 전연우 최유성
제작팀 이영민 권경민

출판등록 2000년 5월 6일 제1406-2003-061호
주소 (10881) 경기도 파주시 회동길 201(문발동)
대표전화 031-955-2100 **팩스** 031-955-2151 **이메일** book21@book21.co.kr

ISBN 979-11-7117-836-0 (03160)

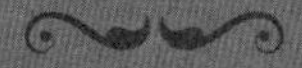

Arthur Schopenhauer

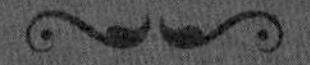

Friedrich Wilhelm Nietzsche